マイバッグ

3つのバッグで軽く美しく生きる

ドミニック・ローホー
赤松梨恵 訳

講談社

はじめに　～風に舞う花びらのようにエレガントに人生を旅する

私が望むのは、ゆったりと流れる時間の中で、軽々とした豊かな気持ちで人生をすごす、ただそれだけ。

楽しく上手に生きるためには、人生にかぎりがあることをいつも意識し、準備や整理を心がけなければならないでしょう。私たちの身近にあるバッグこそ、そのファーストステップであり最良のパートナーなのです。

もし、自分の人生をバッグに詰められたなら、それは最高の安心感と生き方の実現です。これだけでもう何の心配もしなくてすみますし、何が起きても怖くなくなるでしょう。

人生で経験したいこと、記憶に残したいこと、そして大切にしたい人々、それさえ見失わなければ、今の自分にとって大切なのは何か――自然に答えは出るはず。

完璧、そしてシンプルな自分のバッグとともに生きることは、自由と独立、そして夢の実現への近道なのです。

幸福になりたいと欲しなければ幸福になることは不可能である。
それゆえ自分が欲するような幸福を作らなければならない。

――アラン、
フランスの哲学者、『幸福論』

もくじ

1　自分のスタイルにあうバッグを探す

2 本当に必要なバッグの数は？

3 価値あるものに出合う秘訣

4 スタイルを今こそ磨く

5 本物のクオリティには優しさがある

6　バッグの中身の整理を楽しむ

7 どこまでも中身を軽く

8　ものをいつくしむ心から余裕が生まれる

9　旅の心の自由さで普段も暮らす

ブックデザイン　帆足英里子（ライトパブリシティ）
イラスト　石井理恵

1　自分のスタイルにあうバッグを探す

フランス人女性にとって粋なスタイルとは、わざと無造作な装いをすることです。時間をかけて全身を作りこんだとしても、その努力を隠します。計算された少しルーズなヘアスタイル、着古したジーンズにマニッシュなシャツ、足元にはキュートなバレリーナシューズで、背筋を伸ばして歩きます。時間をかけた念入りなヘアメークであっても、あえてそれを感じさせず、わざと規律から外れた個性あふれるファッションを楽しみます。

これがフレンチスタイルです。彼女たちのスタイルがとりわけよく表れるのは生き方、考え方、行動、インテリア、持ち物、友人たちでしょう。

新しいバッグが理想のものか吟味する条件

自分を知るということは、
憧れの私と本物の私との距離を自覚することです。

――ギャランス・ドレ、
フランス出身のファッションライター、『Love Style Life』

ほとんどの女性は、毎年のように、あるいは季節ごとにバッグを買い替えています。バッグは長く使うものではなく、使い捨てされるものになっているのです。これでは、理想のバッグに出合える可能性は遠のくばかり。
新しいバッグを購入するときは、流行を追うのではなく、自分の雰囲気や体形、服装に似合うかたちや色、サイズのものを慎重に探しましょう。もっとも大切なのはその人らしさ。自分を知る人だけが理想的なバッグと出合えるのです。

どうしても、ある有名ブランドのこのかたちが欲しいとはっきりしているときは、買う前にレンタルするという方法もあります。1週間借りて実際に使い、自分のスタイルにあうか、使い勝手はどうか、などを確かめてみるのも失敗を防ぐ有効な手段でしょう。

あなたの理想のバッグとは?

「あなたの理想のバッグとは?」と、周りの人に聞いてみてください。おそらく理想とするバッグの細かなディテールまで完璧に答えられる女性はごく少数でしょう。

「自分のバッグ」を見つけるということは、それほど難しいことなのです。これまで失敗した数々のバッグ、そのひとつの大きな理由は、バッグそのものは気に入ったとしても、何らかの理由で自分にあわなかったということです。
端的に言えば次の3つの基準があわなかったのです。

☆ **ニーズ**
☆ **体形**
☆ **スタイル**

たとえば、自分の体形と相性のよいバッグを持っている女性はとてもスタイルがよく見えて、毎日を生き生きとすごしているイメージを伝えます。そのバッグは彼女の気持ちやふるまいまで大きく変えてしまいます。

バッグと一体化して穏やかな空気をまとい歩いている女性を見ていると、心がゆっくりとほぐれていきます。

20代と80代のバッグの違い

若いのにマダム風のバッグを、反対に40代の女性がギャル風のブランドバッグを持っていると、そのギャップに周りが戸惑います。ライフステージの変化によって、その人に似合うバッグやバッグに求めるものは変わります。

パリジェンヌも10代のころはバッグへの関心が薄く、手ごろな値段のナイロン製の斜めがけバッグといったものが中心です。しかし、仕事を持ち、家族を持つようになるとバッグは毎日のメインアイテムになり、トートバッグといった、より日常のニーズを満たすバッグに関心を持つようになるでしょう。

もっと年齢を経ると生活も落ち着き、上質な革の洗練されたバッグや遊び心満点のバッグに目がいくようになっていきます。20代と80代では選ぶバッグが違うのは当然のこと。バッグが自分のスタイルと切り離せないものだということです。

18歳を過ぎたらよい素材のバッグを持つ

大学生のバッグの中身も高校時代とあまり変わらず、テキストと筆記具、メーク用品が中心です。しかし、18歳くらいで子ども時代と意識が変わります。

おしゃれに恋に忙しくなりますし、自分を磨きたくなるからです。格好いい学生になりたいなら、容量と耐久性のある美しい革か質のよいナイロン製のトートバッグを持ちましょう。

若い社会人なら、どこに行っても恥ずかしくない革の質感や色合いにこだわった高級感のあるシックなトートバッグがおすすめです。身につけるもの、とりわけバッグや靴は社会での印象を決めるポイントになるということがわかるでしょう。

経験を積んだ40～50代女性のバッグ選び

40～50代になってくると、若いころのように再び軽いバッグに戻ってくるのかもしれません。デザインだけではなく、機能性も重視します。

若い女性の持つようなミニバッグではなく、かといって若いお母さん方が持つような大容量のバッグでもなく、より快適で自分らしい落ち着いたバッグにシフトします。

失敗を重ね、経験を積んでいるので、そのたびにレベルアップして賢くなっているのです。

バッグの中身も洗練され、自分に必要なものだけを持ち歩くようになります。そのため、ミディアムサイズの軽い革のバッグを選ぶでしょう。

クラシカルなバッグは理想のバッグへの近道

買い物の失敗は誰にもあること。若いときはなおさらです。そこで何が自分のスタイルにあうか優先順位が見えてきて、さらに年齢を重ねていくことで、自分にあうものがわかってきます。それでも実際に使ってみないとわからないこともあります。

そう考えると、人生の方向性が見えた人にしか自分に似合うバッグはわからないのかもしれません。

ですがもし、あなたが理想のバッグを探し当てるのに40歳まで待てないというのなら、できるだけクラシカルなデザインで、素材と縫製に間違いのないバッグを買い、自分と相性のいいものに出合うまで楽しみながら探すというのはどうでしょう。しかも、そのバッグに価値があるなら、使わなくなったときにはいつでも売ることができます。

シニア女性のバッグ選びの条件と遊び心

年を重ねた人は若い人と同じような格好をしても映えません。年齢にふさわしくないファッションは余計に年を感じさせてしまいます。

大人の女性にしか体現できない渋いエレガンスを追求したほうが、真似できない雰囲気を醸し出すはず。

さらにバッグ選びの条件としては、軽くて実用性に富むバッグがおすすめです。私の母もそうですが、シニア世代は指先が不器用になってくるので、ファスナーのツマミも大きめのものを選びましょう。診察券やティッシュをすぐに取り出せるよう、外側のポケットは必須です。骨や筋力も弱ってくるのでバッグ自体が軽量であることは言うまでもありません。

私の知人のアケミさんは88歳。とてもおしゃれに厳しい女性です。以前は渋い大人の女性を体現していました。でもこのごろ、バッグは自分の好きなものを持ちはじめています。

彼女は革のバッグではなく色や柄、手触りの楽しい布製のバッグを愛用しています。欧米のシニア女性とは違い、本当に日本のおばあちゃんたちのバッグはなんて遊び心満載なのでしょう。自分の年齢とうまく折り合いをつけています。

彼女はとてもキュートで、エルゴノミック（人間工学的）なふわふわのキルティング生地のバッグを使っています。

工夫もこまやかで、診察券やパスカードは小さなメッシュのケースに入れ、バッグの中についているリングと紐でつなぎ、行方不明にならないようにしています。お財布には可愛い鈴をつけて、すぐに取り出せるようにしています。

自分で作った自己イメージの間違いに気づく

相手の中から自分を探す。

——ミレーユ・ダルク、フランスの女優

多くの女性は人生のある時期に自分のイメージを作りあげます。その作られたイメージを本当の自分と思い込んでいますが、時間が経つにつれてそれが間違いであることに気づき始めます。

しかし気づいたときには遅く、そのイメージにがんじがらめにされてしまっており、外に向けて作られたイメージと本当の自分がますます離れていきます。理想のバッグを探す行為は、自分がどうありたいかを探すのとイコールです。バッグという相手の中から自分を見つけましょう。

なぜ自分に似合わないバッグを選ぶのか

このバッグが好きだからといって、自分に似合うとはかぎりません。シックな雰囲気の女性が奇抜なデザインのバッグを持っても、若い女性がミセス向けにデザインされたバッグを持っても、どちらもセンスに欠けます。

私たちに似合うバッグというのは誰かが持っているバッグではなく、自分の個性にあったバッグです。どんなに素敵でも、同じバッグが誰にでも似合うわけではありません。

バッグで失敗する人は自分をよく知らないのです。「誰かが持っていて素敵だったから」「気に入ったから」などという理由だけで買ってしまい、「しまった!」となるのです。

バッグの大きさが全身のバランスを決める

あなたが小柄な人なら、全身のバランスをよくするために大きなバッグではなく小さなバッグを選んでみることをおすすめします。

あなたが大柄な人なら少し選択肢は増えますが、小さすぎるバッグは体格を大きく見せてしまいますので避けましょう。

大柄で背が高いあなたならXLサイズのバッグも似合います。

フランスのファッションデザイナー、クリスチャン・ラクロワは、「私は、昔からアクセサリーに魅了されていた。理由はすべてのスタイルに強い影響を及ぼすから」と述べています。アクセサリー同様バッグも全身のバランスを考えて持ちたいものです。

少し太めの人にタブーなバッグ

フランスのファッションデザイナー、ヴァランティン・ゴティエがこんな辛辣なことを言っていました。

「私の顧客の90パーセントは自分に似合わない洋服のもとへ向かう。太めの女性たちは華奢な肩ひものフェミニンなワンピースを手にとり、40代の女性たちはロリータファッションを求める」と。

太めの体形の場合、セミショルダーか手持ちのバッグが似合います。

斜めがけバッグは体に食い込むので余計に太って見えます（特にバッグが体の後ろにくる場合）。ショルダーバッグのストラップが長いタイプでヒップの位置にバッグがあると、そこにボリューム感が出てしまい体の丸みが強調されます。ですからベストは胸の高さのセミショルダータイプです。

それぞれの体形に似合うバッグを上手に選ぶことで、全身のバランスがよくなり、ワンランク、スタイルアップできます。

バッグとあなたのシルエットが美しいかどうか

よいデザインとはどういうものでしょうか？

まず、シックでシンプル。装飾のないすっきりしたデザインほど、飽きずに長く愛情を持って使うことができます。

街で見かけるほとんどのバッグは見苦しいシルエットをしています。中身を詰め込みすぎて変形していたり、フリルやポケットが目立ちすぎたり……。そのバッグと持ち主の女性を影絵にして見たらおそらく幻滅してしまうことでしょう。

美しいシルエットのバッグは、コートやジャケットと同じようにあなたのボディラインに違和感なく溶け込み、いっそう女性らしさを感じさせてくれます。

サイズもかたちも大切ですが、ボリューム感はもっと大切です。たとえば、斜めがけのバッグなら柔らかい革で、マチの薄いほうがかさばらなくてよいでしょう。バッグが体に密着して安定します。

バッグのボリューム感をカバーするために、自分の体形をよく観察して、いちばん似合う位置を探してみましょう。それさえわかれば、自信を持ってすごせるでしょう。私は体に添うバッグの感触が大好きです。温かくて守られているような気がするから。

2 本当に必要なバッグの数は？

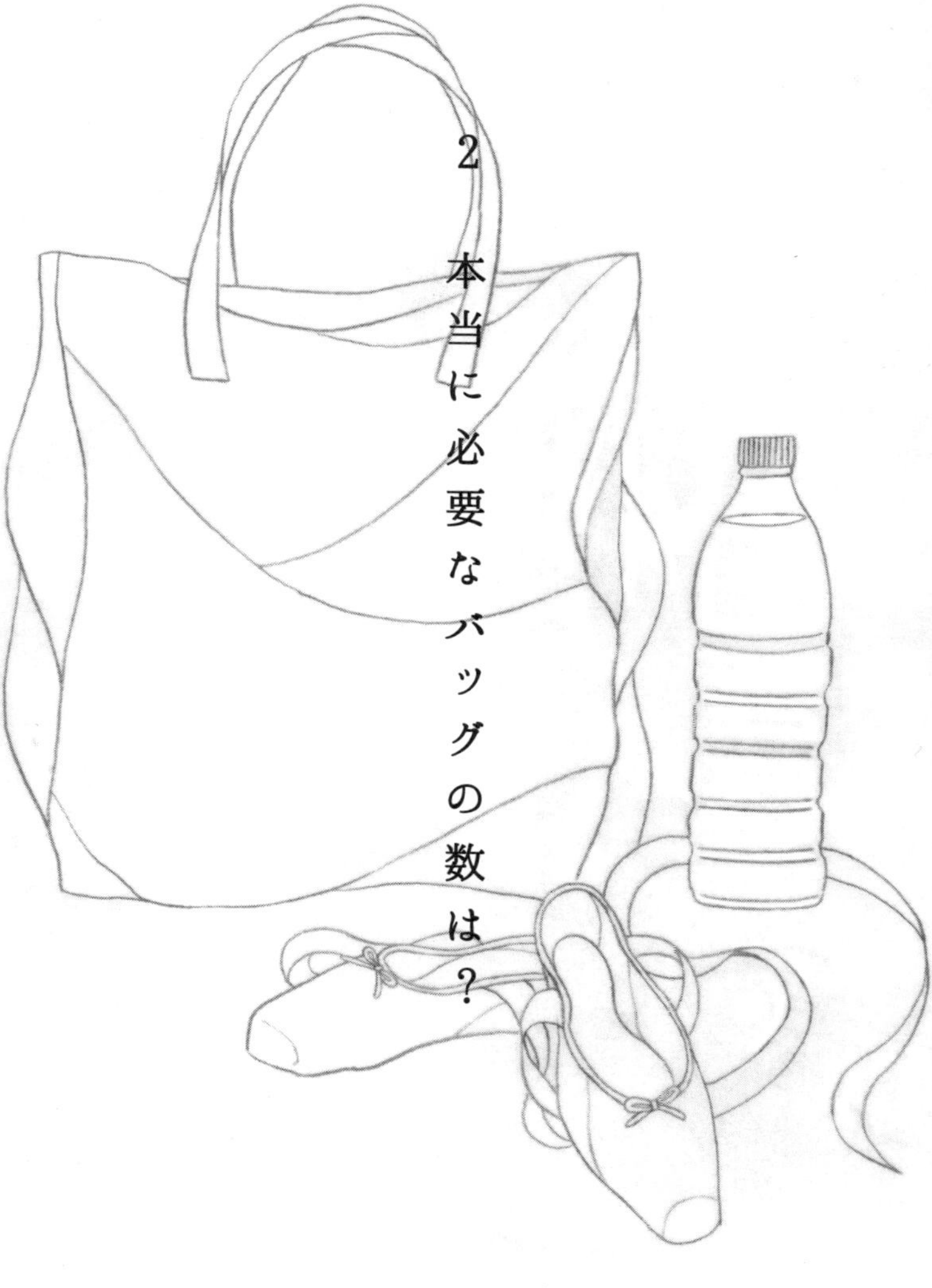

女性たちはバッグをたくさん持っています。10個以上のバッグを所有している人たちも少なくないでしょう。しかし、ほとんどの女性は、つきあうほどに満足感の増すマイバッグを探し求めているのではないでしょうか。

今の世の中は次々と新しいものが現れては消えていく、そのくり返しです。新商品を購入してもすぐに旧商品になってしまう有り様。

そんなめまぐるしい社会で暮らしていると、本当に価値のあるもの、必要なものを見極める目が曇ってしまいます。

そのようななかで、納得できる本物のバッグに出合うのは容易ではないでしょう。バッグ探しの途中でたくさんの失敗を重ね、自分の甘さや弱さを知ることになると思います。

それでもあきらめなかった人だけが、最後に「私流シンプルスタイル」を確立できるのです。

出番のないバッグをいくつ持っていますか？

彼「もう出られる？」
彼女「待って、もう少し。あうバッグがないのよ」
彼「クローゼットの中にたくさんあるじゃないか」
彼女「半分は夏用のバッグ、あとの半分はもう見るのもイヤなの！」

女性たちの多くは、滅多に、あるいはもう使わないかもしれないハンドバッグやポシェット、旅行用バッグ、リュックサック、巾着などをクローゼットの奥深くにしまい込んでいます。

いつか使うかも、まだ1回しか使ってない、これは高かったから、とあれこれ理由をつけては、とりあえず保管している状態。あなたは、そのような出番のなくなったバッグをいくつ持っていますか？

一度、床の上にすべて並べてみてください。……どう、驚きましたか？

愛着の持てるバッグに出合える人は幸せです。でもご心配なく。目の前にずらっと並ぶ出番のないバッグたちは、理想のバッグに出合うための反面教師。ここから学びましょう。

落ち込むことなどありません。なぜなら、それはあなたのバッグに対する情熱と愛情の証しだから。ほとんどの女性はみんな似たような経験の持ち主です。

なぜいらないバッグが増えるのか

理想のバッグに出合えないのは、選ぶ基準が決まらないからです。

私は、リサイクルショップの店頭に並んでいるたくさんのバッグを見ると、胸が痛みます。

かつてオーナーであった女性の心を奪い、手に入れた瞬間はきっと嬉しくて小躍りさせたバッグたち。なかには愛する男性からのプレゼントだったバッグもあるでしょう（これは気に入らなくても仕方ないですが）。

自分の使っているバッグに満足している女性は、とても少ないに違いありません。悪くはないのだけどたいしてよくもない、という中途半端な気持ちで我慢しながら使っていては、ボルテージは下がるばかりです。

だから女性たちは、いつも次なる理想のパートナーを探しているのです。新しいバッグに出合うたびに「今度こそは！」と期待に胸を躍らせながら。でも、買って帰ってきたとたん夢から覚めることさえあります。

もうそろそろ、そんなふうに基準を持たず手あたり次第にバッグを買っていた自分とはお別れです。この本を手にしてくださった方は、それをよくご存じなのだと思います。

「たったひとつのバッグ」は絵空事

たったひとつのバッグで、コンサートや友人とのディナー、ショッピングにも行けたらどんなにいいか。
私は、永遠に使うことができて、
どんな場面でも通用する質のよいバッグをいつも探しているの。

——シャンタル、教師をしている私の妹

私は、もう何十年という筋金入りのミニマリスト。これまで私も妹と同じく、自分にとって唯一無二のパーフェクトなバッグをずっと探してきました。でも、30代まではいつもうまくいかず未解決状態だったことを告白しなければなりません。大きすぎたり、小さすぎたり、使いづらい点があったり。正直に言いますが、人には言えないほどの大金をつぎ込みました。

今は誰もが悩みやストレスをたくさん抱えています。やるべきこと、決めるべきことがありすぎて、バッグのことまで悩みたくないのが本音です。せめてバッグくらいは入れ替えせず、お気に入りのものをずっと持てたらどんなにラクかと思うでしょう。

しかし、美しくて便利、マルチに使いまわせる、丈夫で使うほど愛情がわく、そんな都合のいいバッグなどありますか？　答えは「ハイ&イイエ」。正確に言うと、「ハイ、ありますが、妥協すべき点もいくつか出てきます」というのが本当のところ。

多くの女性は洋服にあわせてバッグをチェンジします。ある女性は使い勝手のよさよりも、コーディネート優先でバッグを選びます。ハイヒールは歩くのにあまり快適ではありませんが、見た目がエレガントだから履くのと同じように。

逆に、ひとつのバッグを長いあいだ使い続ける女性たちがいます。まるで〝一夫一婦主義〟のごとく。

たとえば著名人ではドイツの首相、アンゲラ・メルケルがそうです。

彼女は幅広いシーンに対応できる万能バッグをいつも持っています。そんな彼女はとても信頼のおける女性であり、見た目を気にせず自然体で生きている印象です。そして、そのバッグにとても愛着を持っているのだと推測されます。

彼女のような女性たちは、おそらくそのバッグを最後まで使いきるのでしょう。彼女たちにとって、それはマイバッグだから。自分の子どもたち、自分の家と同じような存在なので、ほかのものにチェンジする気がないのです。

私の友人の中にも、そのような女性がひとりいます。彼女の人生のリズムはとても規則正しく刻まれています。伝統的な四季折々の節目の行事も欠かさず行っています。どんなときにも彼女は彼女らしさを失うことがありません。ずっと同じ友人たちとつきあい、同じ仕事を続けて、同じバッグを愛用しています。

アイスランドの首都レイキャヴィークで入ったバッグ店の店員さんは（彼女の）祖母のバッグに関するエピソードを私にこう語りました。

「祖母は18歳のとき、2ヵ月分のサラリーと同じ値段のバッグを買い、生涯それを使い続けました。最後は見事な味わいの祖母だけのオリジナルバッグが完成したのですよ」と。

私たちにとって、そのようなバッグは確かに憧れです。生涯、使い続けられ、年を重ねるごとに、持ち主と一体化したかのような風合いに育っていく……。

しかし、現代の環境を考えると、その当時の人とはバッグに対して求めるものが違いますし、生活スタイルも大きく変わっています。

私たちは、多くの時間を外ですごしています。ほとんどの女性が仕事を持ち、余暇のすごし方も人それぞれ。ときには処理しきれなかった仕事の資料などを持ち帰ることもあるでしょう。

退社後に通うヨガ教室のウェアやお稽古道具、育児中のお母さんなら子どものミルクや着替えなど、たくさんの荷物を大きめのバッグで持ち運ばなければなりません。晩ご飯の食材の買い出しもありますので、その日の行動にあわせたサイズやデザインのバッグを使い分ける必要があります。

現代に生きる私たちのバッグに対する条件は、日々刻々と変わっていくのです。「ひとつのバッグだけ」なんて今となっては憧れにすぎず、残念ながらそういう時代はもう終わったのです。

完璧なマイバッグなんて存在するの？

とてもエレガント、細身で愛らしい雰囲気のリリーが、エルメスのガーデンパーティーという名のトートバッグを手に楚々と現れました。彼女は私にこう言いました。「この憧れのバッグを買うにはとても勇気がいったわ。覚悟を決めて買ったけれど、やっぱりまだ本当のマイバッグには出合えていない」

リリーにとってのマイバッグとはどういうものでしょうか？　持ち主の雰囲気を上品に演出する、必要な荷物が無理なく収まる、そして少し無造作に扱っても大丈夫なバッグ。

でも彼女には小さな子どもがいて、クレヨンで落書きされたり傷つけられたりしないかと心配で、いつも子どもの手の届かない場所にガーデンパーティーを片付けています。

ライフスタイルの中でマイバッグは変化する

私の持っているバッグの数？
ひとつは黒のバッグ、
あとひとつは季節ものとしてコニャック色のバッグよ。
そういえば夜用の華やかなクラッチバッグ、週末旅行用のボストン、
お稽古事バッグも持っているわ。

――マルティナ、イタリア人のヘアドレッサー

ほとんどの女性が夢見る理想のバッグでも、それはイブニングパーティーにも、海辺のリゾートホテルにも似合うものでしょうか？
私の従妹のアメリは、「新しいバッグに出合うたび、これこそが理想のバッグと信

じるわ。次なるバッグに出合うまではね」と言って苦笑します。

女性たちが考えるマイバッグとは一体どのようなバッグなのでしょう。

ある女性にとってマイバッグとは、自分の貴重品（ＩＤカード、鍵、現金など）をまとめて入れておく場所のこと。だから、特定のものではなく今日使っているバッグのことです。

別の女性はとても大切にしているお気に入りのバッグを持っていますが、毎日それを使うわけではありません。日常ではその日の予定に応じていろいろなサイズやデザインのものを使い分けていますが、彼女にとってのマイバッグはそのお気に入りのバッグだけです。

くり返しになりますが、どんなよいバッグであってもひとつだけですべての場面をカバーするのは困難です。

育児中の大きなマザーズバッグは子どもが成長したら必要なくなります。収納重視の通勤用バッグは夜景のきれいなスカイラウンジには似合いません。それぞれのバッグにはふさわしい用途があります。

マイバッグだからといって常時使うわけではないのです。ときどき休ませ、また必要に応じて取り出して、ひそかな喜びを感じながら使うのです。こうして特定のバッグと大切につきあっていくと、香水と同じようにその人を表すしるしになります。

失敗しないバッグを選ぶための質問

ひとりの人間の中には、相反するふたつの個性が同居している。
ひとつは、純粋で無垢な白鳥、もうひとつは、官能的で邪悪な黒鳥だ。
——ヴァンサン・カッセル、フランスの俳優

この本は複雑な社会の中、ミニマムに、心穏やかに生きたいと願う人のためのものです。

ファッションセンスを磨くために書いてはいませんが、ミニマムな生き方によっ

て、もっとも自分らしいスタイル、輝き方を見つけだすことができると思います。バッグをとおして実践的に、自分のスタイルを描いてみてください。

これは第一エクササイズです。これぞというバッグに出合ったときは、ひとまず深呼吸をして心を落ち着かせましょう。最高の一品にめぐり合うために、リストを作りました。

自分に問いかけてみましょう。今度こそ失敗しないバッグを選ぶために行うこの質問は少々厳しいかもしれませんが、私がたどり着いた条件です。

1 幅、深さ、マチなどが自分のニーズにあっているか。
2 肩や腰に負担がかかる重さではないか。
3 ショルダーが肩からすべり落ちる、開閉が面倒など、使い勝手はどうか。
4 自立するバッグか。
5 革の質、縫製など、品質面の問題はないか。
6 余計な装飾（金具や飾り、フリル）がついていないか。
7 機能的で便利なだけのバッグではないか。

8 派手すぎないか、または、地味すぎないか。
9 フォーマルバッグのように用途が限定されていないか。
10 あちこちで見かける流行りすぎのバッグではないか。
11 セールでお得になっていたとして、本当に必要なのか。
12 恋人とお店に行きプレゼントすると言われ、それほど欲しくもないものを安易に選んでいないか。
13 お店のディスプレイやライティングに惑わされていないか。
14 ドラマで見たものや、友達と同じものを買おうとしていないか。
15 あえて中古で買わなければいけないほど価値のあるバッグか。
16 疲労とストレスによる衝動買いではないか（その日のバッグが重すぎる、小さすぎるなどからイライラして）。
17 すぐに飽きそうなデザインではないか。
18 私らしいバッグか。

時代、流行、ライフステージ、生活環境によりバッグに対するニーズや好みも変化していくのです。新しいバッグに出合ったら、今度こそ長くつきあえるものかどうか、しっかりと見極めましょう。

女性たちに必要なバッグのリスト

私にとってバッグは、上質な革で作られていること、長いあいだ使い続けられる丈夫さを持っていることが条件です。そのうえで、季節感やTPO、その日の気分やファッションにあうものをいくつか揃えることも小さな楽しみです。

季節感で言えば、真夏に黒の革は見た目も暑苦しく、熱も吸収しますし、汗をかいた体にくっつくと不快です。30度を超すような真夏日には、装いにあわせたコットンバッグや籐のバッグのほうが快適でしょう。

週末ともなると日ごろの疲れをとるために温泉に出かけるかもしれませんし、若い女性なら彼や友達とドライブしたり、テーマパークに出かけたりと活動的になることも。そんな場所にエレガントで華やかなバッグがふさわしくないのは当たり前で、似合うのはカジュアルに持てるリュックやトートバッグでしょう。

そこで一体、私たちにバッグはいくつ必要なのか。ベーシックであるもの、ないものの取り交ぜてリストを作ってみました。

☆ 仕事バッグ

A4ファイル、パソコン、タブレットなどが入る収納力重視のもの。

☆ マザーズバッグ

子連れの外出に必要なものがたっぷり入り、カートに引っ掛けられるもの。

☆ 大きな麻のトート、または籐のバッグ

買い物したものを立てて入れられ、自転車のカゴに入るサイズ。

☆ エレガントなミッデイバッグ

終日使えるメインバッグで、ショッピングからレストラン、映画、コンサートまで各種シーンで。

☆斜めがけポシェット
両手が空くので、ウォーキングや街歩き、旅と用途が広い。
☆布製の大きなバッグ
ピクニックやお花見、リゾート用に。
☆イブニングまたはカクテルパーティー用バッグ
☆フォーマル用バッグ
お葬式、結婚式など。
☆和装用バッグ
☆ボストンバッグ
週末の小旅行用に。
☆アウトドアバッグ
キャンプやハイキング用に。
☆コットンのミニトート
家の中で必要なものを入れて移動するため。たとえば、リビングから寝室へ持っていきたいメガネ、携帯電話、ノート、読みかけの本、返事を出さなければいけない手紙、常備薬などを入れておく。

☆季節もののバッグ

夏にはコットンや籐のバッグ、冬にはファーやニット使いのバッグなど。

☆ファッションにあわせたバッグ

☆エコバッグ

バッグを持って出かけるようなときはエコバッグも必ず持参。

ひとつのバッグですべてをすますことは、ミニマリストである私の夢でした。ですが、今の時代のライフスタイルを考えると、叶わぬ夢。ただし、目的と場面をはっきりさせれば、バッグの数を絞り込むことは可能です。

イネスのおすすめする5つのタイプ別バッグ

フランスや日本のライフスタイル分野で活躍している女性たちはどうしているでしょうか。

まず、フランスの元スーパーモデルにして実業家としても活躍中の、イネス・ド・ラ・フレサンジュが「これさえあれば十分」と推奨する5つのタイプ別バッグをご紹介します。

☆ 大きめトートバッグ
仕事用ですが大容量なので、退社後にパーティーやエクササイズの予定があるときにも安心。アクセサリーやポシェット、ウェアなども入ります。

☆ ふた付きの斜めがけバッグ

ドライブや街歩きなどアクティブにすごすことが多い休日用のバッグ。丈夫でよい素材を選べばずっと使うことができます。

☆ポシェット

夜のお出かけに。スワロフスキーがふんだんにあしらわれている、または豪華な刺繍が全面に施されているような華やかでコンパクトなバッグ。

☆フォーマルバッグ

しっかりした素材のベーシックなデザインと色で、格式あるもの。普段使いには向きませんが人生の大切なシーンに欠かせません。

☆籐のバッグ

夏をともにすごすパートナー。籐のバッグを持つのは、南仏コートダジュール、サントロペに住んでいた女優ブリジット・バルドーを意識したスタイル。パリジェンヌたちはエレガントな装いを、籐のバッグでカジュアルダウンさせます。上品なのに、ほどよくラフなコーディネートが完成します。

パーソナルスタイリストのＴＰＯ別ヒント

次は、日本のパーソナルスタイリスト、みなみ佳菜さん。個人客を中心にファッションアドバイスを行っています。

バッグ選びで重要なのはＴＰＯ（時、場所、場合）。それをよく理解したうえで、ふさわしいものを使い分けることだと言います。そのためにはやはり5種類のバッグを揃える必要性があるとのことでした。

☆ 革のトートバッグ
通勤用に丈夫なものを。

☆ Ａ４ファイルの収まるバッグ
書類やパンフレットを持ち歩く営業活動に最適。

☆上品なミッデイバッグ
取引先へのご挨拶やレセプションパーティーに。
☆ポシェットもしくはクラッチバッグ
結婚式や発表会など華やかな場所に。
☆コットンのトートバッグ
カジュアルな休日のお出かけに。

みなみ佳菜さんによると、会う相手を考えてバッグを選べば間違いないとのこと。日本では、特にマナー順守が求められる喪の席では、素材が殺生を連想させる革製は避け布製のものをとお聞きしました。

彼女のおすすめの万能バッグは、色はグレージュ（グレーとベージュを感じるニュアンスカラー）で、A4ファイルの収まるサイズ。グレージュはどのような色の洋服にもあわせやすいからです。

そして、外出するとどうしても出先でもらうパンフレットや日用必需品などの買い物で荷物が増えるため、サイズは少し余裕のあるものがベターだそうです。

私にとって理想的な唯一のバッグとは？

世界でもっとも美しいのは余計なものを削ったミニマムな姿。

——ヘンリー・フォード、
アメリカのフォード・モーター創業者

私にとって理想的な唯一のバッグとは、流行に左右されないベーシックなデザインで、服装を選ばず、どこにでも持っていける品のよいバッグ。

外出の際に、無意識に手にとり、違和感なく持て、存在を忘れてしまうほど自分と一体化している。毎日使っても、ほかのものに交換したいと思わないくらい便利で、自分らしさの感じられるバッグ。

サイズは、全身がスッキリとして見える、横30センチ×縦20センチ×マチ10センチのミディアムサイズ。フォーマルではなくMidday（昼間）、つまり朝から夕方まで活躍するというようなすみ分けで、ミッデイバッグと呼ばれます。

その日必要なものは十分収納できる最適なサイズ。コンパクトなわりに携帯電話やお財布、鍵といった必需品のほか、ポーチ、折りたたみ傘、ペットボトル、手袋まで入ります。

バッグの内側にはポケットや仕切りが多すぎず少なすぎず適度にあり、迷子になりやすい小物がきれいに収まる。そして出し入れのあと、定位置に簡単にしまえること。

ものを出し入れするときに開口部が大きく開き、ファスナーや金具に手の甲が当たらない、ショルダーが肩からすべり落ちない、そして優しい手触りであること。

ちょっと欲張りすぎでしょうか。でも、よいバッグを持っていると、それだけで安心感と満足感でいっぱいになり、自分の内側からパワーが湧いてくるのです。

女性に必要な3種類のバッグ

たったひとつのバッグですべてのシーンをカバーすることは、現実にはありえないと述べてきました。とはいえ「女性たちに必要なバッグ」をすべて持つことは重荷です。ものを引き算していくと生き方が軽くなると心得ている方は多いと思います。

私のクローゼットには3つのバッグが入っています。世界中を旅したり、仕事をしたりするなかで絞り込んだバッグです。

あなたも最低限のものしか持ちたくなければ、次の3種類のバッグの組み合わせでうまく乗りきることができるでしょう。ひとつ目は大きめトートバッグ、ふたつ目はメインとなるミッデイバッグ、3つ目はポシェットです。この3つが完璧なら、ほぼどんなパターンにも通用するでしょう。

美しくてシンプルなバッグはありますが、美しくてシンプルでそのうえどこにでも持っていけるバッグとなると、なかなか出合えるものではありません。そこで3種類をあらゆる場面で単独で、あるいは組み合わせて使えばウィークデーから週末、夜のお出かけまで幅広く対応できます。

ひとつだけに絞るならトートバッグ

——最適サイズ　横45センチ×縦35センチ×マチ20センチ

私は、いろいろな人に質問しました。「あなたがもしバッグをひとつだけに絞るとしたらどんなバッグにしますか」と。

もっとも多かった答えが「トートバッグ」でした。数あるバッグの中でいちばん使えるのがトートバッグなのかもしれません。

トートは収納力に優れ、開口部も大きく中身の出し入れが簡単、バッグを頻繁に持ち替えるのが苦手な人にとっては理想的です。現代の女性はほとんどが仕事に遊びに育児にお稽古にと、一日中アクティブにすごしています。大きめなバッグなら、その日の行動に必要なものを持ち運べます。

1 次のバッグとして対応

☆仕事バッグ（A4ファイル、パソコン）
☆マザーズバッグ
☆1泊・小旅行バッグ（パジャマ、着替え、水着、洗面道具）
☆機内バッグ（パソコン、本、ショールなど身の回りの品）
☆日帰り旅行バッグ（ストール、ウィンドブレーカー、おやつ）
☆ビーチバッグ（パレオ、水着、着替え、ローション、タオル）
☆ショッピングバッグ
☆ピクニックバッグ（お弁当、飲み物、レジャーシート）
☆お稽古事バッグ

2　トートバッグの選び方

売り場に行くと、価格、素材、サイズの違い、上質なものから安価なものまで、実に多くのトートバッグが並んでいて、自分にあったものを選ぶのは骨が折れます。エナメル素材あり、ハンドメイドあり、トレンドあり、クラシックあり。そんななかから、優れたトートを選ぶポイントはふたつあります。

まず、素材や縫製の質が高いこと、次に無駄のないデザインであること。

おすすめは、外側に大きなファスナーポケットがあり、サイドにはオープンポケットがあるもの。ファスナーポケットは、頻繁に出し入れするパスケースや携帯電話を入れるため。オープンポケットは、ペットボトルや折りたたみ傘、読みかけの新聞をくるりと巻いて差し込むのに便利。

かたちについては横長タイプ（書類向き）でも、やや縦長タイプ（台形シェイプのものは体形をすらりと見せてくれます）でもよいでしょう。

軽さ重視でナイロン素材を選ぶなら、ハリのある素材で縫製のしっかりしたものを選びましょう。上質なナイロン素材は少々乱暴に扱っても型崩れせず、雨に強く、使ううちに柔らかく快適になります。

お金に余裕があればパイソン（蛇革）、ゴート（山羊革）、オーストリッチ（ダチョウ革）を。それらはとても丈夫で軽く、革のエイジングを楽しめる素材です。

トートはものがたっぷり入り、ついつい詰め込んでしまいがちなので、素材自体の重量に注目しましょう。デザイン過剰なものは重いので避けたほうが無難です。

空っぽのときはスーパーライトでなければいけません。多くの女性は重さを意識せずブランドの高級トートに走りますが、次々とものを入れて重くなり、結局、再びナイロン素材の軽いトートに戻ります。よいトートバッグは主張せず、とてもシンプルで軽やかです。

一日中使える大人のためのミッデイバッグ

――最適サイズ　横30センチ×縦20センチ×マチ10センチ

56ページでもご紹介したミッデイバッグは、ショッピング、女子会、旅先での街歩きなどに幅広く使えるバッグのこと。

ミディアムサイズながらも私がおすすめするサイズは、マチが10センチとしっかりあるので、財布、ポーチ、ペットボトル、本、折りたたみ傘、ほかにもプラスアルファが収まり、容量も十分です。

私にとって理想的なミッデイバッグは、客室乗務員のバッグ。彼女たちは長時間のフライトで乗客にサービスをしているあいだ、パーフェクトな姿を保たなければなりません。そのための小道具一式をコンパクトに収められるバッグというのは、理想的ではないでしょうか。

1　ミッデイバッグの選び方

ミッデイバッグには、大きく分けてふたつのタイプがあります。

ひとつはショルダーバッグで、持ち手の長さがバッグがちょうど小脇に収まるくらいのもの。体との密着性がよく防犯面でも安心ですし、両手が空きます。

もうひとつは斜めがけできるバッグ。私の周りにはこのタイプのものしか使わない女性がいます。

両手は空きますし、リュックのようにいちいち体から離さなくても中のものを取り出すことができ便利です。ショルダーの紐も十分に長さがあるので、冬場の厚手のコートを着ているときにも窮屈さがなく快適です。

また、ミッデイバッグは横幅が大体30センチ。成人女性の腰幅の平均は33センチと言われているので、女性の体ととても相性がよいのです。

2　ミッデイバッグ選びの3つのアドバイス

①装飾的なデザインは避けること
ギャザーやドレープをたっぷり寄せている、あるいはメタルやリボンなど飾りの多いバッグはそれ自体がかさばります。シンプルなデザインを。
②深すぎるバッグにご注意
縦長タイプは全身がスッキリ見えるかもしれませんが、小物が底に溜まり、ものの

出し入れがトートバッグほどではないものの、少々面倒に。

③小さすぎるバッグは役に立たない

小さいバッグで自由に動けると思ったら大間違い。容量不足はイライラの原因。肌寒い日のストールや予定外の買い物も入れることができず不便です。

身軽さと便利さを兼ね備えたポシェット

——最適サイズ　横20センチ×縦13センチ×マチ7センチ

夜に少しだけお出かけする——バー、レストラン、ワンマイルウォーキングなど。そんなとき、財布、携帯電話、ミニポーチ程度の荷物にぴったりなのがポシェットです。

パリに住む知人の女性はどこに行くにもポシェットひとつだけ。バッグクリエーターなのにほとんどバッグを持ちません。自分の行動パターンにはポシェットが最適なのだから仕方ないわねと笑っていました。

また、ポシェットはトートバッグの理想的なパートナー。貴重品（財布、携帯電話、チケット、パスポートなど）だけをポシェットに入れ、ほかの荷物は直接トートに放り込みます。いわゆる2個持ち状態です。

ポシェットさえ肌身離さず持っていれば、大切なものはキープできるので安心です。状況によってはポシェットをトートに入れてひとつにまとめることもできます。このパターンは特に飛行機に乗り込むときなどは便利です。

お仕事バッグとしてトートははずすことができませんが、ランチタイムやカフェに行くときにはポシェットだけでも十分。ミニマリストのテクニックを駆使すれば現金、カード、最低限のメーク道具、ティッシュ、メガネなどが収納できます（バッグの中身については第6章以降でくわしくお話しします）。

ポシェットの選び方

基本的にはトートバッグの選び方と同じです。シンプルなデザイン、何にでもあわせやすく美しい、薄くて丈夫な革。たとえば、ペッカリー（イノシシに似た動物）、オーストリッチ、柔らかいカーフ（子牛）などがおすすめです。

ある友人は目立つ赤い布製の巾着をいつも持ち歩いています。それをトートバッグの上のほうに入れており、ビジネスのときもプライベートのときもすぐに取り出せるようにしています。別の友人は、タバコを入れている斜めがけのポシェットといつも一緒です。

理想的なポシェットは、長短2種類の取りはずせるストラップが付属しているもの。短いほうはセミショルダーとして食事や音楽会、ウィンドウショッピングに、長いほうは斜めがけとしてウォーキングや旅先での街歩きに。

楽におしゃれに見えるのは？　同じ素材で揃えたポシェットとトートバッグでしょう。統一感があり組み合わせに気を遣うことがありません。

バッグを減らすためのリスト

この3点のバッグで、女性に必要なバッグのリストであげた15の要件を、ほぼすべてカバーできます。それだけに、いろいろな場面で何通りにも使いまわせるタイプのものを慎重に選ばなければならないでしょう。

日常生活も、飛行機などの旅も、軽くこなすためにこれ以上役立つパートナーはいません。この3つが揃ったら出番のないバッグを思いきって処分してみましょう。3つのバッグたちが、いかに少ないもので快適にすごすことができるかを教えてくれるのではないでしょうか。

あなたもクローゼットに眠るバッグを何とかしたいなら、おすすめの方法があります。今あなたが持っているバッグを、すべてリストに書き出してみましょう。そして、どのような場面でそれを使っているかも書き加えます。きっと、ダブっている、または足りないバッグを見つけることができるはずです。

【バッグを減らすためのリスト】

☆自分が所有する全バッグのリスト
①その中から使っていないバッグに印をつけ、その理由を書く
②使っているが好きではないバッグに印をつけ、その理由を書く
☆必要なのに持っていないバッグのリスト
☆欲しいバッグ、好みのバッグのリスト（価格、かたち、メーカー名など）

これらのリストを正確に作成すれば、何が必要で何が足りないのか、どんなバッグを求めているのかが明確になります。

それは理想や好み、ライフスタイルにあうか。デザイン、色、革の種類、サイズ、持ち手の長さ、開閉はファスナーか留め金かなどといった、細かい部分や希望を思い描くことができれば、本当に自分に必要なものがわかり、同じ失敗を防ぐことができ

ます。

ちょっとしたこだわりが、私たちの心と体を軽くしたり行動範囲を広げたりするのです。

3

価値あるものに出合う秘訣

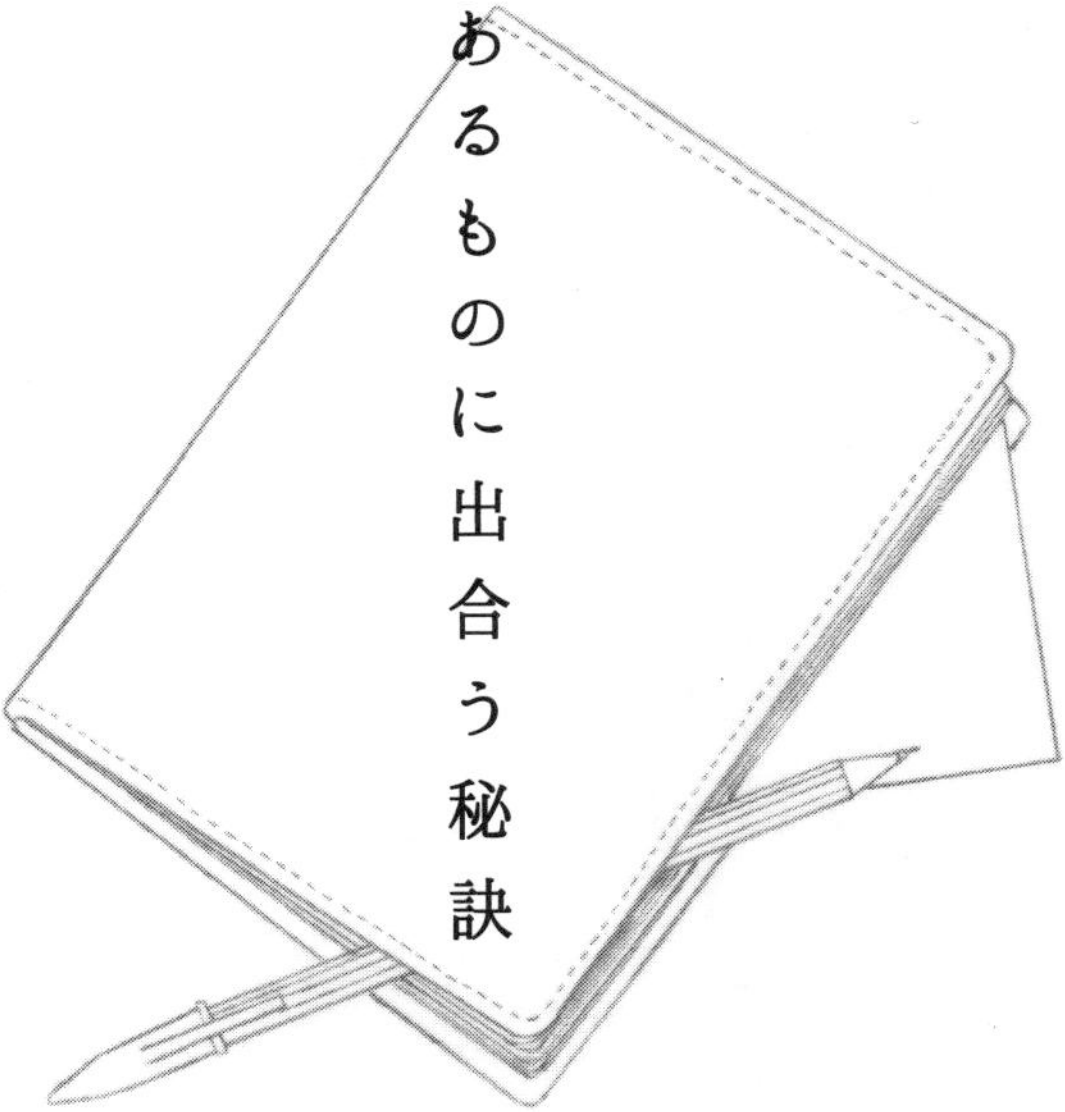

ものであふれた暮らしを続けていると、本物の価値を持つものに返りたくなります。それは今の〝豊かさをはき違えた〟社会に対する反発なのでしょうか。それとも真の満足感を味わいたくなったのでしょうか。安定と調和と快適な生活へのニーズの高まりでしょうか。

今こそ、本当の贅沢が見直されてほしい。

本物の価値を持つものは心がやすらぎます。それは心に栄養を与えます。何より、人生がもっとシンプルになります。

だから、あなたが心から愛せるバッグを使ってください。かぎりある人生の時間を有意義に使いましょう。多くの女性はプレゼントされたバッグを「もったいないから」と使っていますが、本当にもったいないのは人生をエンジョイしないこと。自分らしい納得のいくバッグを使わないことです。

バッグは女性のルックスを決める

バッグは女性のルックスを決めます。
バッグはパリジェンヌの着こなしを左右する
重要なアイテムです。

――イネス・ド・ラ・フレサンジュ、『ラ・パリジェンヌ』

私のひそかな楽しみをお教えします。

パリにいるときはときどきカフェで、女性たちのバッグをじっくり観察します。前を通る女性が素敵なバッグを持っていると、こっそりと目で追います。そのバッグはどこのバッグか、細かいディテールを確認するために。

横に座る女性が気になるバッグを持っていたらすかさず褒め、彼女にどこのお店で買ったものかを尋ねます。

バッグのお店で長い時間をすごすこともあります。手触りを確かめたり、スタッフにいろいろ質問して、ときにはそれを作った職人さんに直接会うこともあります。

私にはどれも幸せな瞬間なので、時間を忘れることもしばしばです。帰宅してからは、その日に見たバッグをゆっくりと頭に思い描き楽しんでいます。


先日、百貨店の食品売り場でとても印象深い女性を見かけました。彼女は、古風ですがとても上質な生地のコートを着ていました。分厚いメガネ、機能的なウォーキングシューズ、すべてが渋くてパーフェクトな女性でした。

彼女はよく手入れされた黒のポシェットと黒のエコバッグを持ち、真剣なまなざしで慎重に有機野菜を選んでいました。

彼女の持つポシェットは使い込んでつやがあり、ぴったりと体に寄り添っています。コートもバッグも彼女そのもの。彼女の丁寧でエコロジカルな生き方がそのまま表れていました。

高級なバッグを買う前に作るリスト

女性　新しいバッグに近づくときって恋に落ちる瞬間に似ている。
ひと目で気に入る、数歩離れたところまで近づきドキドキする。
これが私の運命の人？
もっと近づく、じっくり見つめる、触れる。
革の感触はソフト？　ハード？　内側の構造は？　ポケットは？
私の目は釘づけ。指先に全神経を感じる。
私のイマジネーションが働き始める。
このバッグはまだ買うには早いかしら？
このバッグはよいパートナーになれるかしら？
コフマン　彼女はそれから頭の中にミニシアターのシナリオを描き始

める。
はじめてのデートで使う？
このバッグとどこかで1泊しようか？
恋人に別れを告げる日に持っていこうか？
次回の仕事のアポイントのときに使おうか？
ひとり旅のアテンドバッグとして世界中、連れて回ろうか？

女性

このバッグを持って数歩、歩いてみる。
バッグは私に似ている？
バッグは周囲に私のイメージをどう伝える？
バッグに手を入れるたびにワクワクする？
次はもっと具体的に手に入れたあとを考える。
ポケットには何を入れる？　どんな洋服にあわせる？

——ジャン＝クロード・コフマン、
フランスの社会学者、『Le sac』

理想的なバッグに出合いたいのなら本気で取り組みましょう。

特に高級なバッグが欲しいと思っているのなら、自分にとってのパーフェクトなバッグ像を思いつくかぎり書き出します。できるだけ細かく（持ち手の長さ、デザイン、色など）。69ページでリストを作っていたら、それに上書きしてもいいでしょう。

いつ、どこで使いたいのか。自分の日常の行動からして、よく行く場所にふさわしいかどうか、またはそのバッグを持って行きたい場所なども。

現在自分の持っているバッグが似つかわしくなかった場所とその理由も（洒落たパーティーに参加したら見劣りしてしまったなど）思い出して書きましょう。持っていてなぜかイライラしていた、購入後ほとんど使わなかったバッグも忘れずにリストアップしてください。

大切なのは、かたちや素材、サイズ、目的、場所などを明確にすること。ついでに、お店で見たお気に入りバッグのリスト（店名、商品番号、価格、サイズ、担当スタッフ名）も作っておくと便利です。

なぜ私たちはバッグ選びを失敗するの？

これまで私たちはどれだけ多くのバッグに魅了され、そして失望させられたことでしょう。皮肉にも、出合ったバッグがクローゼットで永遠に眠る運命かどうかは、手にした瞬間からほんの数分で50パーセントの理由は決まっていると言います。

もちろんバッグを買うこと自体賭けのようなもの。ブランド品でもないかぎり、使い勝手はどうか、丈夫か、革は味わい深く年を経るのか、購入時には知りようがありません。

お店のランク、販売員の接客術、商品のディスプレイ、衝動買いなど、これまでベストな選択をできなかった理由はいろいろ考えられます。

ここからは、考えられる失敗の原因を探っていきますので、これまでの反省とこれからの購入の際の参考にしていただければ嬉しいです。

シンプルなバッグほど美しい

最初から流行とは正反対のものを作りたいと考えていた。
学生のころ、よく耳にした「シンプルほど難しい」というフレーズ。
シンプルなバッグを作ることは自分に対する絶好のチャレンジだった。

――イザック・レイナ、
スペイン出身のフランスで活躍するバッグクリエーター

シンプルでクラシック、飽きのこないバッグは、永遠の憧れです。
たとえば、不動の人気を誇るエルメスのケリーバッグ。1935年生まれのこのバッグは、長い時間を経ても古さを感じさせません。選びぬかれた確かな革や高い縫製技術に支えられ、このバッグは高級品の代名詞となりました。

ワンショルダー、雛鶏サイズ（雛鶏サイズとは、成長した雛鶏の大きさが、バッグにすると女性にとってジャストサイズということ）、しなやかな革、あわせやすい色、このようなバッグであれば、流行に影響されることなく、いろいろな場面で役立つことでしょう。

「美」とは本来、渋く、さほど凝っていないもの。シンプルでピュア、目的にかなったものです。シンプルさが深まるほど、バッグはますます美しく、存在感を増していきます。

機能性と美が両立してはじめて満足できる

便利なものはすべて美しいものです。

——テレンス・コンラン、イギリスのインテリアデザイナー

「干し草の山から一本の針を探す」。それほど、自分にとってよいバッグに出合うのは難しいことかもしれません。

何十個という使えないバッグにがっかりして、よし今度こそと「素敵さ」ではなく「便利さ」優先で新しいバッグにトライしてみます。しかし、実用性で選んだバッグはどこか不本意で、使っているうちにもの足りなさを感じ、再び「美しいバッグ」への欲求が高まってくるのです。

堂々めぐりは続きますが、やはりただ便利なだけのバッグなら、美しくないなら、長くは使えず、ましてや愛情を持つことなどありません。「機能性」と「美」、このふたつの魅力が両立してはじめて満足できるバッグと言えるのです。

バッグの横顔は美しいか、品よく自立するか

バッグを買うときについチェックが甘くなる部分がふたつあります。

ひとつはバッグの横顔（特にショルダーバッグ）。正面と同じくらい横顔にも美しさが必要です。人間の顔と同じで正面と横顔のバランスが肝心です。忘れずにチェックしましょう。

もうひとつのポイントは、バッグが自立するかどうか。ちょっと置きたいときにクニャッと倒れてしまうようではバッグの魅力も半減です。場所によってはとても気になりますし、美しくありません。

全体のバランスや素材感、底鋲などいくつか条件が必要ですが、自立するバッグは、汚れにくく、型崩れも起きにくいので、長く愛用できます。

バッグは手に持っているときも、置いたときも品よく美しく。椅子の上、ソファー

の隅、家具の横に置いてもインテリアのように魅力的なものを選びましょう。

シンガポールに住むバッグに目がない知人は、自宅のソファーの上に次々と新しいバッグを買っては置いて、ディスプレイ気分を楽しんでいました。そのうちに彼女と旦那様は、座る場所がなくなってしまったそうです。

臆さず、手でしっかり内も外も触れる

これぞというバッグの中にそっと手を入れてみる。それは最高にエキサイティングな瞬間です。

だから遠慮しないで。出し入れした手の甲に当たる不快な感触はないか？　革は柔らかめか硬めか？　しっとりした感触か？　開口部は狭すぎないか？　ファスナーすべりはよいか（特にコーナー）？

白い手袋をしたお店の人が見ていても、恥ずかしがらずに堂々と触れてみてください。しっかり、革をぎゅっと握って、匂いも確かめましょう。その革のクオリティを確かめるために。

バッグのサイズは永遠のジレンマ

よいバッグを見つけることは、
バッグの中にあるものを探し出すのと同じくらい難しい。

——ポーラ・マランツ・コーエン、アメリカの大学教授・作家

ひとりの女性がレジで、バッグの中のクレジットカードを必死で大捜索中です。うしろに並ぶ人々を待たせたまま……。

支払いをすませたその女性は、待っていたパートナーらしき男性に、「バッグが大きいと探すのが大変！　でも小さすぎるとすべてが窮屈だし……」とこぼしていました。

この女性はひと言で全女性の気持ちを代弁しました。それは確かにとても強いジレンマだから。バッグのサイズは、もしかしたらバッグ選びのもっとも重要なポイントかもしれません。ひとつ確かなことは、バッグが大きくなるほど、ものを入れすぎて重くなり、最後は邪魔になります。

ミニマムサイズで大丈夫なのか？　大容量のバッグが必要なのか？　新しいバッグを探すときにはサイズのことをよく検討しましょう。たった数センチの差で、パーフェクトなバッグになるか、毎回のストレスの原因になるかが決まるのですから。

ただ、いくら小さくて軽いといっても最低限の荷物プラス折りたたみ傘に小さなペットボトルが入らないようなら、そのバッグは近いうちにあなたの手元から離れることになるかもしれません。

自分にとって必要なものが一式収まるサイズかどうか。そのサイズを把握するための簡単な方法は、いつも持ち歩いているものを透明なプラスティックのケースに入れてみること。これで自分の荷物のボリュームがわかります。

それにあわせてサイズ選びをしますが、予想外に荷物が増えることもありますのでプラスアルファの余裕をみて選んでおきましょう。

バッグの値段は高いか安いかのどちらかにする

節約とはベストプライスで買うことではなく、上手にお金を使うこと。
――知恵の言葉

人によっては1万～2万円がバッグの適正な価格です。私のフランスの知り合いはバッグに1000ユーロ（12万円前後）なんて絶対に使えないと言いきります。

その彼女は大きな家に住み、車を2台も所有しています。そしていくつもの失敗したバッグの悪口を言っていました。もし、これまで購入したリーズナブルとされるバッグの価格を合算したなら、ハイクラスのバッグがいくつか買えたはずです。

女性たちは10年間は愛用できるパーフェクトなバッグが欲しいのに、なるべくお金はかけたくないと考えています。しかし、3650日間使うためのものと考えれば、高価なバッグであっても意味のある買い物です。

反対に短期間でバッグを替えたい、あるいは理想のバッグ像がまだ漠然としているのなら高価なものはやめておくべきでしょう。特に中途半端なクオリティはもったいないだけです（5000円の失敗は許せても5万円は納得できないでしょう）。

だから、高いか安いか、どちらか。どうしてもこのバッグが欲しい、というものに出合ったのならそれは幸せなこと、思いきって買いましょう。長く使うことを思えば、あなたの心の喜びを思えば、何も贅沢ではないのです。当分のあいだ、ジーンズですごすことになっても、自分にとって価値ある毎日が待っているのですから。

有名女性作家が必ず売り場で実行すること

目の前にいる販売員は、あなたの人生について、好みについて、個性について、経済状況について何も知りません。販売員たちにとっては、あなたに似合うものよりも、どうやって売るかのほうが大切です。

その商品についても作った職人だけがその素材、なめし方、縫製についてあなたにくわしく説明することができるのです。

多くの販売員は巧みな接客術を身につけています。

「今シーズンだけの限定品です」とか、「このバッグはとても軽く仕上げています」とか、その特別感や魅力をアピールして思わず買いたくなるような言葉をかけてきます。

しかし、バッグが軽いという根拠は何でしょう？　遠慮することなく「正確に何グラムですか？」と聞き返してください。

アメリカの著名な作家、ポーラ・マランツ・コーエンは、

「私はバッグとの長いつきあいの中であることを学びました。バッグを買うときには必ず自分のバッグの中身を全部移し替えてみること。どんな高級店でも必ずそれを実行します。自分のバッグの中身を見られるのは恥ずかしいのですが、どのポケットに何を入れるか、きちんとものが納まるのかイメージできますし、スタッフがサイズや色合い、デザインについてもくわしくアドバイスしてくれます」

と言っています。

万一、ファスナーが壊れたり、縫い目がほつれたりと問題が起きたときのリペアのことも忘れずに聞いておきましょう。バッグの色選びのアドバイスについても、特定の色を強くすすめてくる場合は気をつけましょう。その色の在庫を多く抱えているのかもしれません。

審美眼は他人のバッグを見て養う

私たちに商品を買ってもらうためにお店は莫大な経費をかけ、知恵を絞っています。効果的なライティング、柔らかなカーペット、スタイルのよい垢抜けたスタッフ、優しい音楽。すべて、私たちをひきつけるためのテクニックです。

バッグに詰め物をして最高のかたちに整える、そのバッグのチャームポイントにスポットライトを当てる。しかし、いざ購入して外で見ると少し印象が違う、詰め物ではなく自分の荷物を入れてみたら想像していたかたちにならない……ありがちなことです。

私がお店に入ると販売員の女性が上品な笑みをたたえ、「いらっしゃいませ。どのようなバッグをお探しですか?」と聞いてきます。

そんなとき、たまに私は「一目ぼれのバッグを」と答えます。

一目で気に入るとまではいかずとも、自分のインスピレーションが大事です。そこで私のアドバイス。私のひそかな楽しみのように、商品でなく外で人のバッグを観察すること。道行く女性たちや知人の持っているものをじっくり見ることです。どういうかたちに素材がドレープするのか、つやが出るのか、シワの具合はどうかなど、他人のバッグから学ぶという経験をたくさん積み、審美眼を養うのです。あなたを高揚させてくれるような理想のバッグに出合うために。

バッグの衝動買いをエコバッグで防ぐ

バッグを衝動買いするのはよくあることです。朝からショッピングや食事で一日中外を歩き回った結果、バッグのストラップが肩にくい込んで痛い、何度もショルダーがすべり落ちてくるイライラを解消したい、ショーウィンドウに映った自分の姿が気に食わない。

すべてを今持っているバッグのせいにして、あまり考えることなく店頭に飾ってある適当なものをつい買ってしまうことに。当然翌日には後悔しています。

それを防ぐ簡単な方法があります。必ず大きめのエコバッグを持ち歩くのです。イライラする心とバッグをエコバッグに放り込んでしまうのです。そのおかげで少し楽になり、気持ちにブレーキがかかり、衝動買いを抑えられることがあります。それから、時間をかけて欲しいバッグをゆっくり探せばよいのです。

誘惑の多いネットショッピングや中古品

ネットショッピングはもうすっかり生活に溶け込んでいます。

それでもバッグについて言えば、現物を確認していないのに、重さを確かめていないのに、革の質感や匂いもわからないのに、なぜそれが自分にあうと判断できるのでしょうか。

確かに自宅にいながら欲しいものが買えるのは大きなメリット。しかし、画像ではわからないサイズ感、重量感、色み、持ち手の感触などイメージと違うことも多く、半分冒険のようなもの。したがって、インターネットでの買い物はできるだけ避けたいところです。

中古品もおすすめできません。カビくさい、手垢のあと、香水の残り香……中古のバッグには元オーナーの存在感や使用感が残っています。見知らぬ人の生活臭と「気」に満ちたバッグに、自分の貴重品や大切な小物を安心して任せることができますか？

もし、大丈夫な中古が存在するとしたら、それは元オーナーが自分と親しい間柄でそのバッグを大切に扱っていたことがわかる場合だけでしょう。

自分がブランドになった夢を見せる仕掛け

昔のファッション界はよいものを作ることが目的だった。
今は売るためのものを作るようになってしまった。
世界中どこでも同じ商品が展開されている。
マーケティングの目的は
三流のものをあたかも一流のように見せること。
派手な宣伝で私たちを洗脳するが、
実は価格に見合うような品質ではない。
昔のようにまともな価格設定に戻すべきだ。
産業構造の変化によって、
フランスには腕のいい職人がいなくなってしまった。

――アメリー・ピシャール、フランスのバッグ&シューズクリエイター

ロンシャン、マイケル・コース、ディオール……。なぜ有名ブランドは世界中で同じ商品を展開しているのでしょうか。

肌の色や顔立ち、文化や習慣の違う各国で、最先端ファッションという名目で共通したデザインのものが売られているのは、マーケティングのなせる業。

そう、ブランドが作っているものはたったひとつ。それは「ビッグスケールの夢」。店舗のデザイン、スタッフのスタイル、ロゴ、パッケージ、一等地(百貨店、空港、ターミナル)への出店。私たちの購買意欲をあおるために、イメージ戦略にこだわり高級感を演出しています。

「あなたは、こんな特別なお店で買い物ができるかぎられた人です」とばかりに優越感をくすぐります。各ブランドは競ってテーマやアイデアで付加価値を高め、消費者にものではなく「夢」を売ります。

私たちは、使うためのものではなく、ブランドイメージとスタイルを買っているのです。

クオリティとブランドを混同しない

クオリティとブランドはあまり関係がありません。有名ブランドの流行もののバッグはひと月分のお給料くらいしますが、長持ちするとはかぎりません。たとえブランドものでも短期間でステッチがほつれることもあります。

「バッグを買うということは、自分の一部を買うということです」

とあるお店で販売員に言われ、シンプルな結論だと納得したことがあります。

ある女性は某ブランドのバッグに恋をしていました。しかし、彼女にとってブランドかそうでないかは関係ありません。彼女にとっていちばん重要なのは「毎日手にとりたくなる美しさ」でした。

バッグで自分のステイタスを誇示したいわけではありません。ただ、最高の素材、魅力的なデザイン、入念な仕立ての賢いバッグが欲しいだけ。それが手に入れば、彼女の日々のクオリティ、旅のクオリティ、人生のクオリティが変わります。

ブランドものでも素材や仕上げが微妙なものは、セカンドクラスの喜びに終わってしまいます。ブランドの製品より、上質な革を使い飽きずに長く使えるバッグもあります。お金はクオリティのために、美しさのために使ったほうがよい。本物は永遠の喜びをもたらしてくれます。

簡単に購入を決めることなく、どうか作り手の思いがこもり丁寧な手作業を施された上質なものをじっくりと選んでください。

メーカーの夢の詰まったロゴマーク

われわれは情報ではなく他人の意見に浸っている。

——グレッグ・マキューン、
アメリカのコンサルタント、『Essentialism』

私たちは今、完璧にマスマーケット（大量消費市場）の渦中にいます。中国などで作られた欧米の高級ブランドであっても、その多くはそれなりに高価です。なぜなら、製品の原価、人件費のほかにマーケティング料まで含めての価格になっているから。だからこそ、それらは到底長く使えるようなものではないのではないかと思えてきます。

素晴らしい「もの作り」の文化は、巨大化した組織の中にはもはや存在しません。彼らにとってもっとも重要なことは業界のナンバーワンになること。ナンバーワンになればネームバリューだけで高く売ることができます。

ユーザー目線の質のよいバッグではなく、メーカー側の夢とロゴマークの詰まったバッグを堂々と高値で売ることができるのです。

トレンドバッグとレジェンドバッグの差

トレンドバッグはレジェンド（伝説）バッグにはなれません。お洒落なモデルや芸能人たちが数シーズンだけ夢中になり大ブレークしますが、いつの間にか消えていきます。しかし、レジェンドバッグはすべてを超越する存在感を漂わせ続けています。

レジェンドバッグの特徴はふたつ。ひとつ目は、年を重ねるほどに美しく変身していくこと。いくつかのレジェンドバッグは、手間のかかる織り方をしたプレミアムジーンズのように豊かにエイジングします。ふたつ目は、どんなファッションにもあうこと（珍しいことですが）。

代表格のひとつと言えるオレグ・カッシーニのバッグは、ますますそのオーラに磨きがかかり、年々高嶺の花となっています。米大統領夫人をはじめ多くの女性たちを夢中にさせる秘密は、デザインのシンプルさゆえでしょうか。

人目に触れないところに最高級の贅沢はある

人間には夢と贅沢が必要です。しかし、意図的な贅沢は欲しくありません。「贅沢」とは、マーケティングによって作り出されたものとはまったく違うものです。洋服なら、個性的なワンピースやオリジナルの手作りのワンピース。バッグの場合なら、数十時間の手間をかけて、目立たない細部まで優れた技術で作り込んであるもの。もちろんロゴやマークなどは一切見せません。

マーケティングが設定した大衆の贅沢は、「お客様、このお品は贅沢ですよ」とわかりやすい方法で誘いかけてくるのですが、本来の贅沢は隠れたところに存在しており目立たないものです。

この贅沢に手が届くのは本物のセレブだけです。そういうバッグの価値は永遠に保たれ続けるのです、芸術作品と同じように。

夫の遺したノートで知った美しい人生

ある日テレビを見ていたら、30年前に亡くなった日本人男性のことが放送されていました。

彼は箱の中に小さなノートをぎっしり残していました。彼の妻は、きっと仕事の記録だろうと思い込んでいたので中身を確認したことがありませんでした。

この小さなノートはトランプサイズで表紙は革製です。毎日記入するのに触れていたので光沢が増し、いい味が出ていました。

ある日、彼の妻は何気なくそのノートを開きました。彼女はとても驚きました。その内容は仕事のことなどではなく、妻や子どもたちとすごす日々の喜びを書き留めていたのでした。妻が成長の早い子どもたちのために、毎年愛情を込めて編んだセーターのことも。

万年筆で綴られた文字はとても美しく、ひとつひとつの文章が心にしみわたってきます。

昔は多くの人がこのような美しい小さなノートを使っていました。今はスマホかタブレットかビニールカバーの手帳。その美しい字を見たとき、どれほど丁寧に何ごとにもあたってきたか、どれほど一生懸命に生きていたかを感じました。

それに比べ、今は何と生きることのクオリティが低下していることか。低価格を否定するわけではありませんが、使い捨てを前提としたものばかりになってしまいました。

今の社会は私たちの文化と五感をどんどん退化させています。そんななか、時間と手間のかかる職人のプライドをこめたバッグに目を向けることは、本来持っている五感を磨き、伝統産業を見直すこと。

それは、スローでレトロな暮らしに返ることであり、心を消耗させる消費社会への小さな抵抗です。

4

スタイルを今こそ磨く

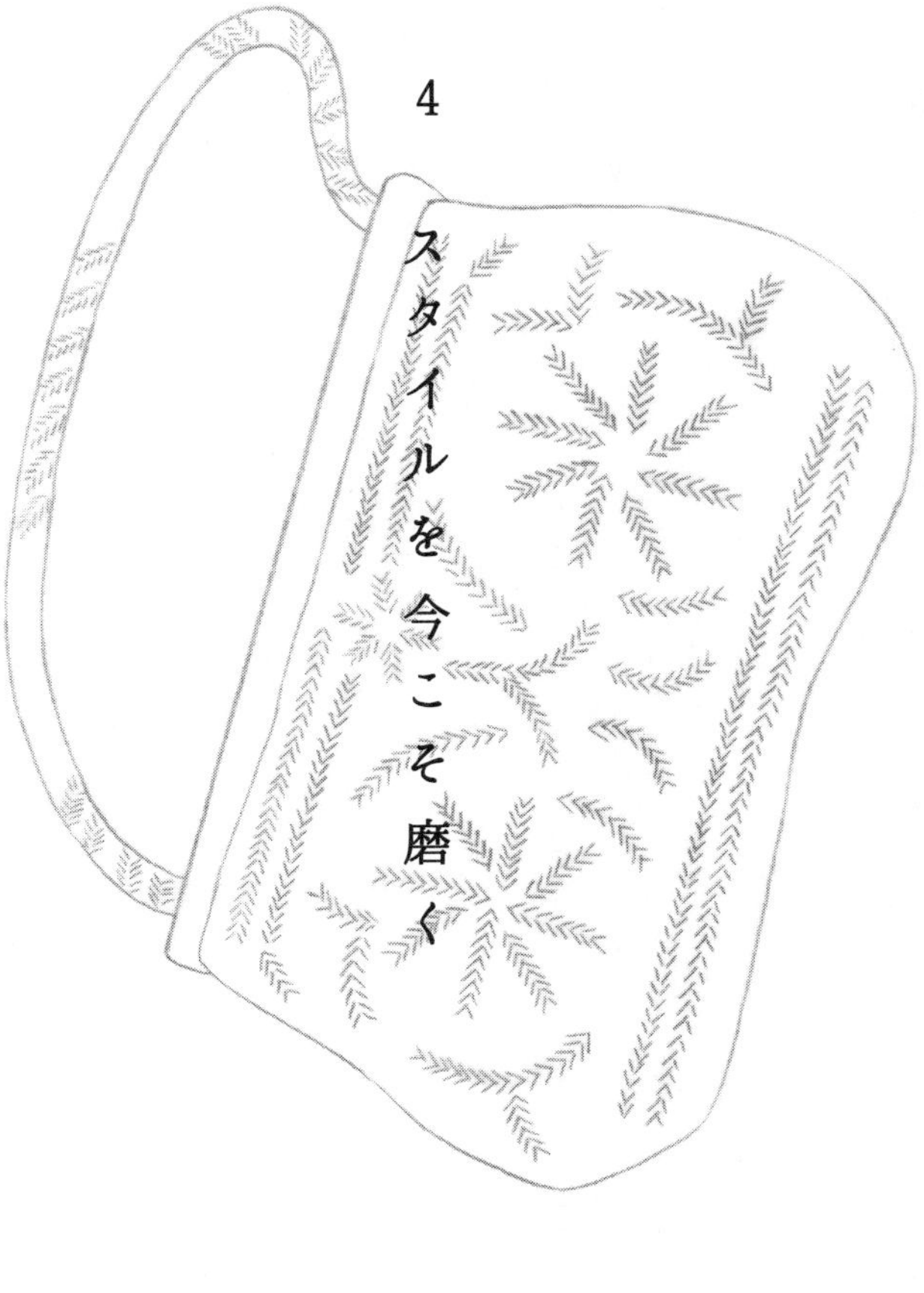

スタイルは創造と表現の素晴らしい道具。雑誌のモデルや有名タレントたちと同じ洋服を着ることや、全身を同じブランドで揃えることとは違います。

スタイルとは、自分の生き方やエッセンスを表現する手段です。自分の内面と外面を、バランスよく調和させることです。

どんなに素敵な服を着ていても、もしそれが体形にあっていなければ、絶対におしゃれには見えません。スタイリッシュになるということは、自分のすべてをよく知ることです。

「好き」「嫌い」から「私」を探す

ニューヨークに吹雪、パリ行きの便は1日延期。
思いがけず自由な時間ができたことを喜び、
ニューヨークでもっとも好きなことをしようと決めました。
本とカップケーキを買い、部屋に帰っておいしいお茶を淹れ、
その3つを同時にじっくり味わいます。

――ギャランス・ドレ、
フランス出身のファッションライター、『Love Style Life』

1 自分が好きなことは何?
2 自分が嫌いなことは何?

これも、リストを作ることで明確になります。白い色が好きならそれを書きます。特定のアーティストのファンならそれも書きましょう。とにかく、好きなこと、嫌いなこと、思いつくままに次々と書いてください。

もちろん、自分の価値観も。たとえば、職人の手作りしたものが好き、ベーシックが好き、いつも明るく暮らしたい、生き生きした色を身につけている……。

書き終えたら、今度は自分にとって本当に大切なものを絞り込む作業、優先順位の低いものをどんどん削除していきます。

最後に残ったもの、それがあなたの本質です。

スタイルを見つけだす自分へのふたつの質問

自分のスタイルを見つけるためにノートとペンを用意して、自分へのふたつの質問に答えてみましょう。

1 自分について知っていることは何？
〈例〉外出することが多い、仕事より趣味が大事など
2 自分の体について知っていることは何？
〈例〉色白である、肩幅が広いなど

たとえば、あなたの仕事が外出の多い営業職ならどんなにハイヒールが好きでも、それはあきらめて歩きやすくソフトな革のローヒールを探すはず。

これは個人的なことですが、妹の家に1ヵ月滞在したときに、はじめて彼女の日常生活をくわしく知りました。

毎日欠かさず長いウォーキングに行くこと、そして、行きつけのマルシェでこだわりの食材（産地のわかるお肉やお魚、旬の有機野菜など）を買うこと。そんな彼女にとっての理想的なバッグは、両手の空く少し大きめの斜めがけバッグでした。

日常生活におけるいちばんの楽しみがショッピングならば、それにあったバッグを

探すべきでしょう。百貨店に行くのが大好きなら、優雅なデザインで邪魔にならないサイズのものを。

それに気づくために、改めて自分を振り返る方法として、ノートとペンが必要なのです。

バレエのような優雅さでバッグを扱う

肉体の自由より美しいものはない。
――ココ・シャネル、フランスのファッションデザイナー

バッグはファッションの総仕上げ。バッグを扱う身のこなしも大切です。
バッグは開けるもの、バッグは閉めるもの、バッグは置くもの。自分の手とバッグ

は、優雅なバレエダンサーのデュエットのように洗練されたリズムとなめらかな動きを奏でます。

同じバッグであっても使う人が違えば、ひとりとして同じ動きにはなりません。カフェで見かけたある女性は、自分の膝の上でバッグの口を大きく開けて落ち着いた動作で中のものを取り出します。また別の女性は、バッグの口を少しだけ開けて大急ぎで中身を取り出しすぐに閉めます。

比べてみたらゆったりした動きは、次の動きに流れるようにつながり、その人は心穏やかな人、丁寧な人だと周りが理解します。豊かさ、優雅さ、気楽さ……柔らかな動きは平和を伝える行動。「今」という時をより深く味わうことができます。

ストレスを少なくし、人生の楽しさをもっと感じることができる。人生に対する意識をもっと高めることができるのです。

バッグと体形の関係も重要ですが、手に何かをつかんだり触れたりすることで精神が落ち着き、エネルギーが変わります。どこにでもあるようなコットンの巾着でも美しい手の動きで扱えばエレガントに見えるのです。

余談ですが、エリザベス女王が、宮殿内でスタッフとコミュニケーションをはかるためのツールとして、バッグを使うことは有名です。ダイニングテーブルの上にバッグを置いているときは「あと5分でディナーを切り上げたい」。床に置いているときは「会話の内容が退屈なので、誰か私の代わりにゲストと話してちょうだい」というサインだそうです。

スマートにバッグを持ち軽快に動く

自分のバッグをスマートに使いこなすことができるというのは、上品に食べる、軽快に動く、洗練されたしぐさでシャンパングラスを口に運ぶ、などと同じことです。私たちの行動がスマートであるほどバッグも洒落て見えます。

同じバッグでもいろいろな使い方ができます。気取らず肩にかける、クラシックな雰囲気で指を揃えて持つ。

リュックサックなら背負うより、片側の肩にさりげなくかける。クラッチバッグなら、手ではなく脇にはさんで持つ。このとき少し斜め上に向けて持つと女性らしく、体全体がすらりとスタイルがよく見えます。ただし、カクテルパーティーでこのバッグは避けたほうが無難ですね。立食形式で飲み物のグラスとおつまみのお皿を持つためには、両手の自由が必要です。

他人はイメージであなたを判断している

あなたは自分のイメージを他人に伝えることはつまらないことと思っているの？　それは残念ね。だって、他人はあなたのイメージだけであなたのことを決めてしまうのに。

――イザベル・トマ（ジャーナリスト）、
フレデリック・ヴェセット（フォトグラファー）共著、『You're so French!』

スタイルは、言葉を使わなくてもコミュニケーションができるとても有効な道具。スタイルは見た目だけでなく、私たちがどういう人間であるかを相手に伝えます。私たちが身につけている服やバッグに快適さを感じないということは、自分のスタイルではないのです。

セレブ志向の女性たちは、ロゴの目立つものや、明らかに高級ブランドとわかるような典型的なデザインのバッグを使っています。逆に自分らしさを追求している女性たちは、どこのブランドかわからないタイプを選ぶでしょう。スタイルを伝えるということは、自分の品位と知性を表現することなのです。

バッグは自分の生き方やスタイルを見つけ、人生を自由にはばたかせる道具、シンプルに生きるヒントの宝庫なのです。

ここからは、自分のスタイルを追求するためのヒントを述べます。

自分自身に似ているバッグを見つける

スタイルを見つけるために「私は一体何を表現したいのか」、そのリサーチを自分に対し行ってみましょう。

どんなバッグも持つ人に似合っていれば美しいものです。自分の体と気持ちにぴったり添った靴やコート、あるいは帽子のように。

私たちには、あうバッグとあわないバッグがあります。みんなにあうものなど存在しません。もし、そのバッグが自分自身に似ていると感じるのであれば、それこそがもっともふさわしいバッグです。

私たちはバッグを選ぶためにおたがいを知っていなければなりません。バッグもふさわしい人に持ってもらって「もっと輝きたい」と待ち望んでいるでしょう。

自信を持って一日をすごせるバッグ

スタイルは外見上の問題だけにとどまりません。自分自身の生き方の問題です。バスに乗っているとき、ミーティングをしているとき、見知らぬ人と道ですれ違うときも、あなたのたたずまいや振る舞いは必ずメッセージを発しています。ひと言も発せずともあなたについて語っているのです。

96ページのバッグ販売員の言葉どおり、

「バッグを買うということは、自分の一部を買うということです」

ウィッグを作ってもらう、新しいメガネを作ってもらうなどと同じなのです。

バッグは快適なシューズのように、ジャストサイズのワンピースのように私たちの気持ちと体にぴったりフィットするものを選びましょう。そうすれば自信を持って一日をすごすことができます。

バッグはあなたのイメージを完成させる最後のスパイスです。したがって、バッグは体のラインに添い、持ち主に美しいシルエットとバランスを与えてくれるものでなければなりません。

センスを磨くレッスンで新しい自分を発見する

最高の幸せは自分を尊敬することです。

――アイン・ランド、

アメリカの哲学者・作家、『For the New Intellectual』

センスを磨くにはどうしたらいいでしょう？

生まれつきセンスがよいというのは、とても珍しいこと。一流のアーティストやクリエイターの親のもと感性をはぐくむ機会に恵まれた場合を除き、ほとんどは自分の意志と努力で身につけていくものです。

あなたがそれを本気で望むなら、お金ではなく時間をかけて自分を見つめることです。

そのために、テレビや雑誌、ブログで自分に似ている個性の持ち主を探したり、街中やカフェでエレガントな人たちをじっくり観察したりしましょう。

目的は、真似をするのではなく、洗練された美しいアイテムを目と脳に焼きつけるため。

今のあなたとどこが違うの？　その色はあなたを元気に見せますか？　その着丈はあなたの体形をカバーしますか？　そのリボンはあなたに似合いますか？　別のタイプの洋服を着た自分を想像してください。

何度もレッスンを重ねるうちに、徐々に自信が持てるようになり、まったく別のスタイルを持つ新しい自分を発見することでしょう。

「私はどういう人?」と考える効果

スタイルは自分を発見するための魔法のツール。
また、自分はこういう人ではなかった、
ということを発見するツールでもある。

——ギャランス・ドレ、
フランス出身のファッションライター、『Love Style Life』

「私はどういう人」

自分を正しく知っていればどんなことがあっても、どんなに周りの状況が変わろうとも、気持ちが揺らぐことはないはずです。

自分の人生を深く考え、自分らしさを明確に理解してこそ、私たちはマイバッグを見つけることができるのです。

何が必要か、自分がどんな人間かわからないまま漠然と「自分のバッグに出合いたい」と望んでも、それは叶えられません。

売り手は、一見美しくても快適ではない、価格が高く、クオリティが低いバッグでもどんどんすすめます。

大人のあなたにふさわしいデザインと質のものを見極めましょう。

自分の内面と外面にあうバッグを見つけるために、目を閉じて鏡に映った自分を想像してください。他人はどのようなイメージをあなたに抱いているのかを想像しましょう。

自分が思い込んでいる自分らしさだけではなく、第三者が客観的に捉えているイメージも本当のあなただからです。

いらないものを見分けるとスタイルが決まる

何代も受け継がれるクラシカルな価値のあるものに、憧れと尊敬の念を持ちたいものです。

祖母が毎日身につけていたゴールドのネックレス、母親がいつも持っていたシックなオーストリッチのバッグ……。親から子、子から孫へと託されて、いつまでも優しく輝き続けるものたち。これからは、そんな想いのこもった選りすぐりのものだけを大切に使うような生活スタイルをおくりましょう。

たとえば、お気に入りのTシャツがあるのなら、同じものを数枚買い揃えます。そのうち、それがあなたのスタイルになるのです（アップル社のスティーブ・ジョブズ氏はいつも黒のタートルネックでした）。

スタイルの基本は、年月を経てもあまり変わることはありません。それさえ見つけることができたら、もう流行に左右され、悩まされることもなくなります。

スタイルを決めることは、いらないものを見分け、軽やかに生きること。あとは、年齢やTPOにあわせた変化や遊びの要素を加え、自分のおしゃれを楽しむだけ。流行には寿命がありますが、スタイルは永遠なのです。

自分らしさを見失った証拠

旅先で、その国の女性たちがよく使っているバッグが素敵に見え、つい買ってしまったことはないですか？

ところが現地では気に入ったはずのものが、いざ帰ってから見てみると、色柄や素材感などが自分の住んでいる土地の気候風土やファッションにあわなかったことに気づき、残念な結果に終わりがちです。

同じバッグを欲しいと思うのは、彼女たちと同じ生活に憧れるから。私たちは心の奥底にほかの人間になってみたい、違う暮らしをしてみたいという願望があります。しかし、どこにいても、どんなときも、私たちにはそれぞれのスタイルがあります。自分らしさを見失わないようにしましょう。

あなたが10歳くらい老けて見えるバッグ

くたびれた革のバッグは忘れて。個性のないチープなバッグも忘れて。就職活動のために買ったバッグも忘れて。中古品、シャネル風、フェイクレザー、エスニック調、免税店で衝動買いしたもの……全部なかったことにしましょう。

ひと昔前に流行った古い洋服を身につけると、自分自身まで古くさく感じてしまい、周りからもそう見られている気がしてストレスになります。

バッグも同じですが、手放すことで簡単に解消できます。ストレスを感じてまで持ち続けるなんてもったいないだけ。

古くて醜いバッグを持っていると、下手なヘアカットをしてしまったのと同じで、10歳くらい老けて見えます。だからといって、若い女性のあいだで流行っているバッグを使えば、自分の体のシルエットやファッションセンスが追いつきません。

流行りのデザインでなくても、すっきりとした美しいバッグなら心配はいりません。見る人は見ていて、あなたのセンスのよさを認めているはずです。

みや子さんがこれだけでいいと決めたバッグ

知人のみや子さんは、5年前のある日突然、もうこれ以上ものは持たないと決めました。

「どうして？」と聞くと、

「以前は決まったブティックで洋服を購入していました。オーナーは私のことをよくわかっていて、洋服はその人が選んでくれたものがいちばんだったの。質がよくてクラシック、そして流行に左右されず長く着られる洋服でした」

しかし、ある日そこが閉店してしまい、彼女はしばらく途方にくれていました。でもそうなって、「そうか、私はすでに一生困らないだけの洋服を持っている。これからは今あるものを活かして上手に着こなしていこう。そして、それらと仲よく年を重ねていこう」と思いいたったのです。

それが彼女のモラルとなりました。


彼女のバッグですか？　昔、そのブティックのセールで出合いました。一目見たときに「これは私にぴったりのバッグ」と直感しました。当時、そこそこ質のよいものをすでにいくつか持っていましたが、それらはすべて娘たちに譲りました。

彼女は、「過去は過去、未来はまだわかりません。いちばん大切なのは今を楽しむこと」と言います。

彼女は旅館で働いており、新しいお客様との出会いを何よりも楽しみにしています。また、彼女はこのバッグとの関係が長く続き、よりいっそう深まることを望んでいます。

「このバッグはもう10年以上愛用していますが、まだまだ使いたいと思っていて、今のところ別のものに買い替えるつもりはありません」

と。バッグは長く使うほど自分にとっての価値が上がると考えているからです。

彼女は幸せでいるために、他人と比較しないことにしています。今できることをコツコツと続けています。

バッグから幸せをもらうのではなく、バッグを大切にすることで自分も幸せになると考えています。

そんな彼女の持っていたバッグはいさぎよいほどシンプルで渋く、目立つものではありませんが、とても洗練された彼女に似合っていました。

このバッグは彼女に心から愛され、ともに多くの時間を共有してきたからこそ、美しいのです。

幸せの鍵はいつも自分が握っている

幸福とは、他人とのつながりにあるのか、ものにあるのか、自分の中にあるのか。

これまでの経験で確実なのは、幸せへの鍵はいつも自分が握っているということです。

流行にあわせ、新しいデザインのバッグに取り替えることが幸せならば、たくさんのバッグを準備しなくてはなりません。みや子さんのように自分のモラルとスタイルがあり、ひとつのバッグとともに年輪を重ねていくことに幸せを感じることができれば、それに越したことはありません。

それは〝我慢する〟ということではなく、今持っているバッグに喜びを見いだすということだから。時間をかけて育てたバッグには、独特のつやと深い味わいが生まれます。

次から次へと新しいものを求めてもキリがなく、エネルギーを使うばかり。それよりも基本的なニーズを満たしたバッグを見つけて、それをいつくしみながら長く使うほうが自分もバッグもずっと幸せになれます。
古きよきバッグは使うほどに魅力を増して、持ち主の人生まで豊かにしてくれることでしょう。

愛情と手入れの行き届いた「古きよきバッグ」

ある種の欠点は個性の存在にとって必要である。

——ゲーテ、ドイツの詩人

幸せの秘訣は、当たり前の生活を送ること。草花を育てたり、季節ごとのお茶を楽しんだり、気持ちよく暮らせるように家の中を整えたり。日常の小さな楽しみを見つけて、身の丈にあった美しい暮らしを続けていくことが幸せへの近道です。

日々、規律を持った生活をすることは、きちんと生きているという満足感を得られます。

なぜ、人は実力以上に自分を大きく見せようと見栄をはったり、小さな嘘をついたりするのでしょうか。もとから自分の中にある生きる力や知恵を自覚して、自然にそして自信を持って生きることが本当の幸せです。

目的のバッグを手に入れることが幸せなのではなく、相性のよさや使いやすさを実感してはじめてそのバッグに出合った幸せを感じるのです。

最高級品でなくても、持ち主と素敵な時間を共有し、愛情と手入れの行き届いた「古きよきバッグ」にこそ幸せが詰まっているのです。

5

本物のクオリティには優しさがある

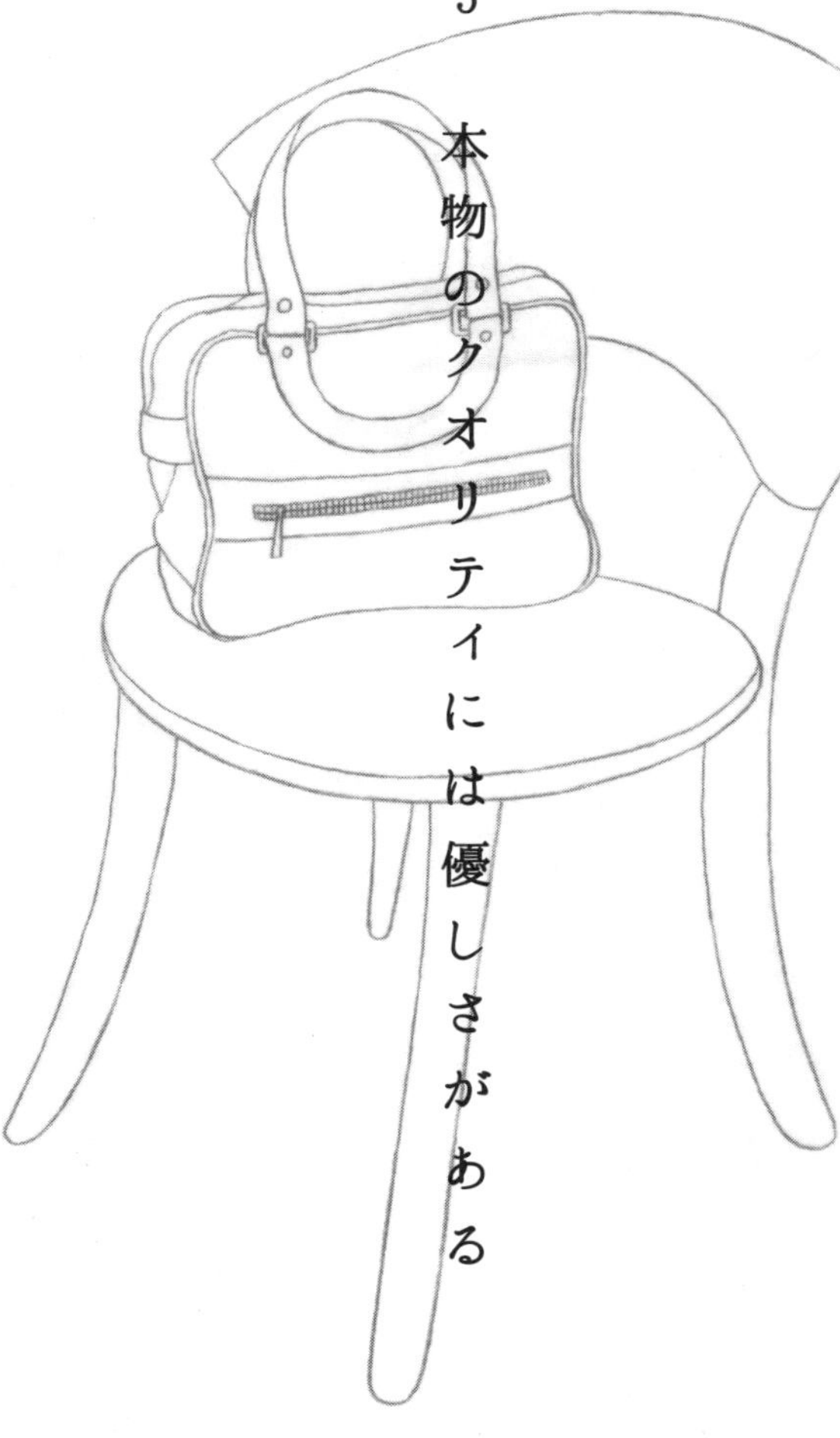

時間に追われる毎日、スピーディーに進化するものごと……。そうしたなかで「スロー」や「ナチュラル」がコンセプトになっているものは余裕や優しさを感じさせ、私たちのメンタルと暮らしによい影響を与えます。生き方も変わります。

一流のバッグを作るための最高の技術と本物の材料は、もともとそのようなコンセプトを持っているのです。

見ても触れても心地よいバッグは、私たちに安心感を与え長いつきあいになります。

美しく年を重ねるバッグは心に栄養を与えてくれるのです。

世の中の流行も、私たちの生活も刻々と移り変わっていきますが、そのバッグにはゆっくりと時間が流れ、外での忙しさを忘れさせ安らぎを与えてくれます。

このバッグは私たちにメッセージを伝えます。

次々に新しいバッグを使い捨てるよりもひとつのバッグとじっくりつきあってみて。

きっと新しい発見がたくさんあるからと。

よいバッグは決して私たちを不快にしない

高いオブジェを買ったあと、
価格は忘れてしまうがその価値は永遠に残る。

——ジャン・ルイ・デュマ、フランスのエルメス社元社長

私たちの秘密や感情まで持ち歩いているバッグは、私たちの人生について誰よりもくわしく知っているでしょう。

そう、よいバッグを探さなければいけない理由はたくさんありますが、何よりあげたいのは、毎日をともにすごすというバッグ自体の持つ存在感の大きさでしょう。

よいバッグは使うほどによさを感じ、毎日持ち歩きたくなります。でも、逆のケースは最悪。バッグの中でものが行方不明になりあせる、携帯電話がすぐに取り出せず

大切な電話を逃してしまう、重すぎて肩や腰が痛くなる、ストラップが細くて肩にくい込む。

結局、よいバッグは価格が高くても、それなりの素材で細かなパーツまでしっかり計算して作られています。高いイコールよいものとはかぎりませんが、それ相応なメリットが多く、長い目で見るとお得なのです。

よいバッグは決して私たちに不快な思いをさせません。軽い、スムーズなファスナー、収納のためのポケットの数や位置が工夫されているなど、満足感、安心感、心地よさをいつも感じることができるのです。

そのうえ、よいバッグは持ち主の個性を引き立て、印象まで変えてしまいます。長きにわたりよい友人となり、秘密を共有する同志となります。だから、軽くて、丈夫で、便利で、優美でなければいけません。

素材の良し悪しを知ることは豊かさの始まり

クオリティの低いものは不経済である。

――ユダヤ人のことわざ

最近のバッグは美しくないものが増えてきたように感じます。街を行く女性たちの多くは、首をかしげたくなるようなバッグを持っています。見るからに安っぽいフェイクレザーや、不自然な色つやに加工された品質の悪い革のバッグが多く、本物の上質な美しい革で作られたバッグを目にする機会が少なくなってしまいました。

したがって、私たちの感覚も麻痺して、良いか悪いかの区別がつかない状態になっています。そこで多くの女性たちは、単純にわかりやすいブランド物を選ぶのです。

ブランドは夢を売っているので、ロゴが目立つ位置にあったり柄自体がブランドロゴになっているようなデザインはなくなることがありません。女性たちはそうしたバッグを持つことでひとまず満足感を得ていますが、前に述べたように、そのようなバッグのクオリティは、あまり高いとは言えないのです。

当然、ブランド以外の高級バッグであっても粗悪品に当たることがあります。友人は念願だった赤のオーストリッチのバッグを購入しました。喜びでいっぱいになった彼女は、「何とパーフェクトなサイズ、デザインもシンプルでエレガント、何より革が素晴らしい！」と絶賛していました。

しかし、数週間後、オーストリッチのクイルマーク（丸いツブツブの突起）はどす黒く変色し、バッグの側面が一部分型崩れしてきました。おまけに留め金具が緩くなったのか、気づいたら口が開いていることがたびたびありました。彼女がどれほど落胆したかは言うまでもありません。

どのようなものであろうと、最低3ヵ月は使ってみなければ、その良し悪しは判断できません。

美しくエイジングするかで上質かわかる

因果なことに、われわれは人間の垢や油煙や風雨のよごれが附いたもの、乃至《ないし》はそれを想《おも》い出させるような色あいや光沢を愛し、そう云う建物や器物の中に住んでいると、奇妙に心が和やいで来、神経が安まる。

——谷崎潤一郎、『陰翳礼讃・文章読本』(新潮文庫)

エナメル革や特殊なコーティングで光沢を出した革は、ポリマー加工をしています。その手のものは、購入したときが最高の状態です。ほかにも型押し加工のエンボスレザーやシボ加工のシュリンクレザーなど、革自体に立体感や陰影を出す、また光沢を出す加工を施して華やかさやモダンさを強調したバッグが多く売られています。

しかし、残念ながらそういう加工が施された革のバッグは、味わい深くエイジングするかどうか判断するのは素人の私たちには難しいところ。購入するときはどんなものも美しく見えますが、しばらく使っているとそれが本物（美しく年を重ねていく）かどうか、いずれわかるときがやってきます。

バッグの工房を持ちパリに店を出しているイザック・レイナは、革がもっとも美しくエイジングするのは何もコーティングしていない状態だと言います。彼はエルメスで皮革製品の製作に携わり独立を果たしました。パリに行くと必ず彼の店を訪れる私が、今回教えてもらったことです。

コーティングしなければ傷つきやすいのはもちろんです。ただ何年か経つとそうした傷も、コーティングしたバッグにできた傷と同じくらいにしか目立たなくなるそうです。何よりも美しさは、自然なエイジングにかないません。この本の取材のお蔭で大事なことを教えてもらったと思います。

バッグのキーポイントである「上質な革」にはふたつの条件が必要です。それは状態のよい原皮を選ぶことと、高いなめしの技術です。

ただ、その良し悪しを判断するのはプロの役目です。私たちは、そうしたことをわかりやすく教えてくれる良心的なお店を探しましょう。

新品より魅力あふれる革のエイジング

バッグは指先の感覚で選ぶ。

——ジャン＝クロード・コフマン、フランスの社会学者、『Le sac』

上質な革というのは見た目が美しいものです。また、目を閉じてそっと触れてみても、指先が「心地よい」と感じるのではないでしょうか。

なめらかで優しい、硬すぎず柔らかすぎないもの。そう、よい素材というのは目だけで判断するのではなく、五感で感じるものなのです。

使い始めの革は少し硬い感じですが、使うほど柔らかくなり、そのうちエロティックなほどなめらかになっていきます。バッグの最大の魅力は、革のつやが増し、色が濃くなり、全体が丸みを帯び、優しげなかたちになっていくこと。


ある日私は忘れられない経験をしました。前に述べたイザック・レイナのショップのプライベートセールでの出来事です。

レジの近くにとてもつややかで美しくうねったあたたかな感じのバッグが置かれていました。すべての商品の中でいちばん輝いていたそのバッグを、私は思わず手に取りました。

そのときです。バッグの持ち主が笑いながら「あら、これは商品ではないの。私のバッグよ」と近寄ってきました。本当に穴があったら入りたいくらい恥ずかしい出来事。

イザック本人が、その場に展示していた新品のバッグと、実際に2年間使用したものを見せてくれました。

新品はキリッとスクエアなかたちでストイックな雰囲気、ところがそれが、持ち主の使い方になじんで格好いいまま落ち着いた雰囲気に変わっていたのです。まるで椅子の背に無造作に掛けた古いツイードのジャケットのように。

美しい革はゴールドに匹敵する

その動物は自然の中で育ったのか、または人工的に飼育されていたのか。その生育環境や、原産国、流通ルートまで、私たちが知ることはできません。

牛や山羊の多くは食用（主に雄）として育てられていますが、原皮はその食肉をとったあとの副産物です。

ミルクを搾ることが目的の動物の皮は繊維が粗く、あまり質がよくないと言われています。また傷や血筋の少ない上質な皮は少なくなってきており、昔のような質のよい皮はプロでも入手しにくくなっているようです。

年齢や性別、どのような環境で育ち、何を食べていたのかにより皮のコンディションが左右されるため、生きている動物の皮膚に傷をつけないように放牧地に取り付ける電気柵の費用、出産時の獣医に支払う費用、病気や害虫から守るための注射や薬剤、食餌、登録料、人件費など、良好な環境で動物を飼育するための手間とコストがかかります。

その後も革に加工されるまで多くの工程をたどるので、そのたびに価格が上がっていきます。

今やトップクオリティの皮革、たとえば上質なカーフやラムスキンなどは、全体の10パーセント程度と言われています。傷が少なく、繊細な毛で毛穴の締まった子牛や子羊などは体も小さいためにとれる原皮の量も少なく、ゴールドと同じくらい高価です。

ところで、少し「なめし」について説明しましょう。簡単に言うと動物の皮膚である皮を、バッグや靴に加工できるよう革にする特殊な技術のことです。

行きつけの工房の職人さんに教えてもらった話ですが、植物成分でなめす方法と、薬品でなめす方法があります。その方法の違いで出来上がった革の特徴が決まるそうです。

最高のなめし方はタンニンで2度なめす「ダブルなめし」。植物原料（栗やアカシアなど）を使います。時間はかかりますが、丈夫で経年変化を楽しめる革に仕上がるそうです。

薬品でのなめしは、短時間で仕上がるため経済的ですが、イザックの言うように色つやの深まりなどは望めず、革らしい風合いの変化（エイジング）を期待する人には向かないかもしれません。

美しい革が出来上がるまでには、動物の飼育からなめしまで、莫大なコストと時間、複雑な工程と手間がかかっているのです。

軽いパラシュート素材を買うときの注意点

どれほど丈夫で軽くても、人工的な素材（化学繊維やフェイクレザー）は美しく年をとることはありません。ただ、某ブランドのパラシュート生地はとても高級なナイロンで、つやとハリがあり、劣化しにくく購入時の美しさが長く保てます。そのため革のバッグと変わらない価格設定です。

購入時に気をつけることがあるとしたら次の点です。店頭ではその商品が最高にスタイリッシュに見えるように計算された詰め物をしてかたちを整えています。いざ使おうとして、その詰め物をとって自分の荷物を入れると思っていたほどかたちが決まらず、革製品以上に期待外れな結果になることがあります。

それよりも自然素材のコットン、特にしっかり織られた高級感のある「帆布」のバッグのほうが実用的でおしゃれかもしれません。

重いバッグで軽い身のこなしの魅力が台無し

幸せな旅をするには軽く旅しなければいけません。

——サン＝テグジュペリ、フランスの作家

今の女性たちはみな、自由と動きやすさを求めています。そんな時代に重いバッグなどナンセンスです。私たちにとって最高のアクセサリーは柔らかく軽やかに動く体なのですから。

こだわるお店はバッグのラベルに重さも記載しています。たとえばどんなに大きなトートバッグでも、800グラム以下のものを選びましょう。

パイソン、山羊、ダチョウ、鹿、ペッカリー、サメ、ウナギ——これらの革は驚くほど軽くて丈夫。私の持っているペッカリーのポシェットは300グラム以下です。

医学的にも重すぎるバッグはよくありません。

ドクターはヘルニアの患者さんに「絶対に3キロ以上のバッグを持ってはいけない」と言います。

まずは中身をこまめに見直すこと。大容量のバッグを持つと何でも詰め込んでしまうので、あえて大きすぎないサイズのものを選ぶ。バッグ自体を少しでも軽くするために、装飾の多いものは避ける。いくらおしゃれなデザインでも重さを感じると徐々に出番がなくなります。「重量感」を丹念にチェックしましょう。愛するバッグをあなたの「重荷」にしないために。何よりあなたの健康を守るために。

使うほどに味が出る自然素材の「帆布」

もし、あなたがバッグにあまりお金をかけたくないと思っていて、でもエレガントでいたいのならばアドバイスがあります。

質の悪い革、フェイクレザー、ブランドの模倣品、これらは絶対避けること。それよりもコットンや麻素材のほうが上品で快適です。ただし、自然素材であるコットンや麻であっても質の良し悪しはあるので注意しましょう。

いちばんよいのは142ページでご紹介した「帆布」と呼ばれる分厚いキャンバス地。これは丈夫で長持ちするので使うほどに味が増します。はじめの硬さやごわつき感が次第に柔らかくなり、着古して色あせたジーンズのような風合いに変わります。

同じコットン地のバッグであっても薄手のものは、使っているうちに伸びてしまいます。おまけに中身のかたちがはっきりとわかり、一度伸びたり型崩れしたりすると復元力はありませんので長くは使えません。

使っていくうちに味わい深くならないのであれば利点がありません。使うほど劣化して醜くなるなら、それはお金と時間のムダ。「美」とはほど遠いものになるだけです。バッグを生き生きと変化させるのは時間です。

時間はバッグに柔らかさ、深さ、優しさという新しい価値を与えます。

裏地でそのバッグのクオリティがわかる

バッグの裏地にはクオリティが反映されます。裏地はバッグの第二の顔とも言える重要な部分です。

有名なメーカーのものであっても、柄物のコットン地はコストを抑えて製造している証拠です。一見、華やかでおしゃれですが、耐久性に欠けます。

反対に高価なバッグは裏地も革で作られており、豚革がよく使われています。外も内も革使いというのは確かに豪華ですが重くなりがちです。

裏地として優秀なのは、とてもとても薄い革（軽くて山羊革のよう）か、サテンのジャカード生地。色合いは中に入っているものが識別しにくい濃い色は避けたほうが無難。派手な色もアクセントになりますが飽きる原因にもなります。落ち着いた明るめの色（パウダーベージュ）が、使いやすく飽きないでしょう。

バッグを購入するときは、あらさがしをするつもりですみずみまでしっかり見届け、外見と同じくらい裏地や縫製も美しいものを探しましょう。

裏地なしの一枚革のバッグもありますが、これは間違いなく上質なバッグ。革そのものと縫製のレベルが明らかにわかるからです。

快適なショルダーストラップの選び方

毎日のように持って歩くバッグは、機能性の観点からもチェックしましょう。

体にフィットするバッグは、安定感があり疲れません。

たとえばショルダーストラップは、体のバランス、姿勢、動作に大きな影響を及ぼす可能性があります。歩くたびにバッグが振り子のように動いたり、バッグが肩から何度もすべり落ちるのはストラップの長さがあっていないから。快適にすごすために太めで長さを調節できるタイプのものを選びましょう。

斜めがけバッグは活動的で人気ですが、反対側の肩でバッグと体のバランスをとらなければならず、肩に余計な力が入り、体が歪み姿勢が悪くなる原因になります。

カイロプラクティックのドクターのアドバイスは、「ショルダーストラップのかかっている肩と反対側の肩や腕を、わざと大きく動かして歩くように」ということでした。そうすると背骨を支える筋肉が硬くなるのを予防できるそうです。

バッグは私たちの分身だからこそ、見た目のよさだけでなく、健康面でデメリットがないことも大切な条件です。

ハンドルの好みからバッグを選ぶ

ハンドルタイプかショルダータイプかによって、バッグの快適さと優雅さが変わります。私の経験からハンドル（持ち手）が短いとあまり重さを感じません。それにしても、これまでいくつのバッグをハンドルの不便さであきらめたことか。

理想のバッグ選びは、まずハンドル選びからです。長め1本手ショルダー、短め1本手ショルダー、短め2本手ショルダー、長め2本手ショルダー……。カジュアルに斜めがけするのか、手だけで持つハンドバッグにするのか。ある女性は完璧斜めがけ派ですが、別の女性はそのスタイルが大の苦手だと言います。

あなたは、両手の空く斜めがけが好きですか？　手で持つハンドルが好きですか？　それとも肩にかけるショルダー派ですか？　バッグを買うときには必ずその基本スタイルから入りましょう。そのためのチェックポイントを次にあげました。

1　ハンドル

ハンドルが手のひらに食い込み痛くなるのは、革が硬すぎるか、ハンドルが華奢すぎるか、縫い目が下か横（手のひらに当たる方向）に向いているからです。

持ち手は手にしたときに優しい感触で、少し幅広いタイプを選ぶといいでしょう。持ち方も左右交互にするなど、疲労感が偏らないようにして自分の体をいたわってあげてください。

2　1本手のセミショルダー

ショルダーバッグに比べると短めでミッデイバッグによく見られるセミショルダーは、胸の高さにバッグがくるのでとてもチャーミングで女性らしく見えます。

両手が空きますし、ストラップを少し長めにしておけば、肩にかけたままバッグの中に手を入れることもできます。ちょうど二の腕でバッグの開口部をカバーするのでスリの被害防止にもなります。

そんなメリットの多いセミショルダーですが、気をつける点があります。まず、洋服の素材にダメージを与える（シルクが傷つく、ウールは毛玉になりやすい、シワになる）ことがあります。もう一点、なで肩の人にショルダーバッグは不向きです。

3　2本手のショルダー

とてもポピュラーなかたちです。ただときどき、ショルダー用の長めのハンドルを肩にかけず手持ちにしている人を見かけます。この持ち方は重心が下がりバッグが重く感じられます。しかもバッグの底が地面に当たりそうで落ち着きません。ショルダーは肩にかけるためのもの。手持ちスタイルも望むなら、ハンドルの長さを調整できるタイプのものを選んでおきましょう。

　バッグのハンドルはときに厄介な存在です。手持ち用がついた2ウェイバッグのハンドルは、使わないほうのハンドルやストラップが、誰かの傘の柄やドアノブに引っかかる、あるいは駆け込んだ電車のドアに挟まるなど、思いがけず危険な目に遭う原因になります。ファッション性も大事ですが、はずせるタイプを選びたいものです。

4　斜めがけバッグ

街ゆく人たちを見るとふたりにひとりは斜めがけバッグ。両手が自由になりアクティブに活動できて、自転車に乗っているときなどにも便利です。荷物の出し入れが簡単で便利。混んでいる電車やバスの中でも体から離すことなくスマートに携帯電話や本を取り出すことができます。

　冬にもこのカジュアルなスタイルはマストアイテム。ダウンや厚手のコートの場合は、ストラップの長いこのタイプは最適です。

一方で、このスタイルが苦手な女性もいます。理由は、斜めに体を横切るショルダーストラップが全身のシルエットを分断する、洋服の美しさを邪魔する、ということ。人によっては向かないバッグかもしれません。

5 アジャスター付き・取りはずし可能なストラップ付き

通勤バッグとして使いたい、たくさん荷物を入れたい、買い物するのに両手を空けたい、などいろいろな場面で多機能に、便利に使い分けるために、アジャスター（長さ調節）付きか、取りはずして交換できるストラップが付属していれば、肩がけ、斜めがけ、手持ちとさまざまな持ち方を選べます。

その際、幅広いシーンに対応できるよう、メタル部分はできるだけ目立たないタイプのものにしたほうがよいでしょう。

もし、バッグを製作しているお店で購入するのなら、数種類のハンドルを別途作ってもらうことで、何通りにも使い分けられるバッグが出来上がります。

用途にあわせてメタルパーツを選ぶ

1　ストラップの取り付け方

ストラップはバッグ本体に直接縫い付けているのか、リング状の金具（カン）でつないでいるのか、アイレットリングに通しているのか、用途によって選びましょう。バッグの重さ次第では、しっかりと本体に取り付けていなければ何度も修理が必要になります。

また、金具の素材感、色合いによりバッグのクオリティがわかります。金色とアルミ製の金具には注意しましょう。金色のものは時間がたつとメッキがはげて見苦しくなるものが少なくありません。アルミ製は真鍮やスチールに比べて弱いうえに安っぽい印象を与えます。

2 飾り金具

ビットや大きなバックル、チェーンなどの飾り金具がたくさんついていると当然重くなりますし、野暮ったく見えることも。リボン、フリル、ポケットなどが無駄についているのも同じです。

それらの飾りは革の粗悪さをカモフラージュするための小細工として施されていることが多く、飽きやすいバッグのパターンです。

3 ファスナー

どんなファスナーが使われているかも、大切なポイントになります。アルミのファスナーは強度に問題があります。樹脂のファスナーもあまりスムーズではありません。よいファスナーはスチール製、繊細な作りで、スムーズに滑ります（はじめは少し硬くてもワックスを薄くつければスムーズに動きます）。

ハイクラスのバッグのファスナーはどれも機能的で美しいものが使われています。目が細かく、バッグのデザインに溶け込み目立ちません。

ファスナーの端の布を中に縫い込まずに表に出したまま仕上げているバッグがあり

ますが、販売員に理由を尋ねると「バッグの口を大きく広げるため」と説明します。しかし、本当の理由は縫製の工程を簡単にして、早く大量に生産するためのテクニックなのではないでしょうか。

4　バッグの口金

宝石のように美しい口金のバッグ。美しい口金はワンピースの上につける宝石と同じ役割です。それによってバッグに高貴さと華やかさが加わります。

ただ開閉がしやすいかどうか必ず確認しましょう。ある女性は複雑な構造の口金でも平気だと言います。それどころか、お気に入りのバッグに何度も手を触れることの喜びのほうが大きいそうです。よほどクラシカルで格調の高いバッグならそれもありかもしれませんが、やはり簡単に開閉できないものはとてもイライラします。

6 バッグの中身の整理を楽しむ

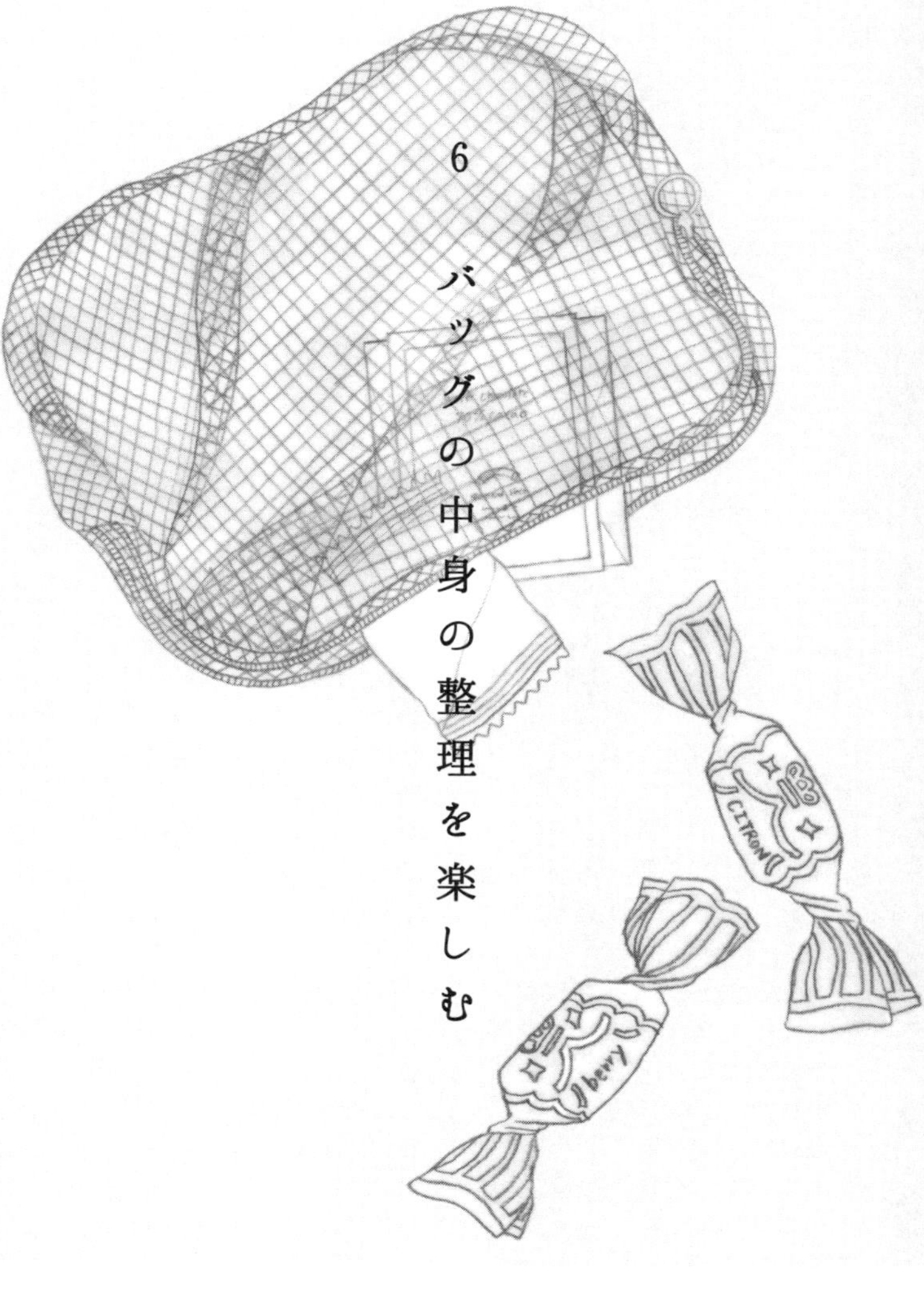

バッグの中身の美しさは外見の美しさと同じくらい重要です。誰かのバッグの口が開き、偶然にも中の状態を目にしたときに感じるのは、その持ち主自身のこと。バッグは自分の状態を見事に反映するものなのです。

それだけに、自分のバッグの中身を整理するという作業を、遊び感覚で楽しめば、素晴らしい時間がすごせます。私たちは何ごとに対しても真面目すぎます。整理も楽しみながら学びましょう。

バッグとともにその中身を整理するアイテムのポーチは、私にとっての美意識そのものです。自分の人生を軽く自由に、何より美しく生きるための道具です。

本当に美しいもの、本当に大切なものは、あきらめずに引き算をくり返したところに存在するのです。

日本人のポーチ使いがヒントに

フランスの税関でバッグを見せたら、中に並んでいるポーチを見て、
職員たちは私が日本に住んでいることがわかるみたい。
それを毎日仕事で見ているから。
彼らは日本人女性のバッグの中身を誰より知っています。

——フローランス、翻訳業、日本在住の友人

日本の女性はバッグの中に、小さなポーチを複数個入れています。私も、来日してすぐに真似しました。それからは、日々進化を続けています。

バッグの中の小物を整理するために、ポーチのかたち、素材、色別で中身を分けると一目瞭然、出し入れも簡単。これはコスメ用、これはコスメ以外、これはキャンデ

ィ用など仕分け作業も楽しめます。

ものが散乱しているバッグの中に小物を直接放り込むと、傷ついたり壊れたりして残念な事態が起こります。また、別のバッグに中身を移すのも面倒ですし、忘れ物や紛失の原因にもなるでしょう。

それぞれのポーチにいつも決まったものを入れておけば、バッグからバッグへの移し替えも楽です。


誰のバッグでも持ち物は大きく分けて2種類です。財布や鍵、携帯電話などの必須アイテムと、いつも使う化粧品やエコバッグなどの準必須アイテム。これらの仕分けを完璧にすれば、バッグの中はいつもすっきり整理できます。

もともと財布もひとつのポーチと言えます。お金や各種カード、領収書などでひとつのユニットになっています。

バッグの中身を用途別にポーチ化しておくと、整理整頓と同時に、財布、コスメ類、メモ帳……すぐに欲しいものに手を伸ばせるのが大きなメリットです。

パスポートサイズのポーチで統一がコツ

バッグの中の調和のために、それぞれのポーチのサイズは統一しましょう。実用的なのはパスポートサイズでしょう。パスポートサイズは財布、手帳、メモノート、コスメ入れ、メガネケースなどに適したサイズ。

バッグの中をのぞいたときに目につきやすく、女性の手に取りやすいジャストサイズです。エルゴノミックとも言えるその大きさは、ミッデイバッグ（横30センチ×縦20センチ×マチ10センチ）に入れるのにぴったりのサイズ感です。

大きなトートバッグを使うときは、パスポートサイズの複数のポーチを入れるために、さらに大きいポーチを2個準備すると完璧です。大きなバッグに小さなサイズのものをちまちま入れたり、小さなバッグに大きさのあわないポーチをぎゅうぎゅう詰め込んだりするのはストレスの元です。

当たり前ですが、あなたのバッグの中にサイズの違うポケットがあったら大きめポケットには大きなもの、小さめポケットには小さなものを入れましょう。

効率性を追求した客室乗務員の四角いバッグ

不便なものには誰も喜びを感じません。パーフェクトなバッグ整理の秘訣は、四角いバッグにはすべて四角か細長いポーチで揃えること。丸いかたちのものはやめましょう。するとおさまりがよくなり中のものがあまり動きません。

そういえば、みなさんは丸いかたちのバッグを持った客室乗務員や銀行員を見たことがありませんよね。なぜでしょう？　彼女たちは、短時間で効率よく多くの仕事をこなさなければならないため、使いづらいものを持つ余裕などないのです。

財布やポーチのファスナーの引き手がタッセルや凝ったメタルのデザインで一部分

が飛び出したり大きくぶら下がったりしているようなもの、また、かぶせ蓋付きのポーチはどこかに引っ掛かりやすく出し入れに手間取ります。

シンプルなデザインのものほど、四角いものほど、表面が滑らかな素材のものほど、スムーズにものの出し入れや移動ができます。

バッグインバッグも売られていますが、手持ちのバッグにジャストサイズで、ポケットの数やサイズが自分の持ち物とあえば優れものかもしれませんが、そうでない場合にはどこに何を入れたかわからなくなり、余計に面倒です。それぞれの種類別に大まかに分けたポーチのほうが扱いやすいでしょう。

手触りの違うポーチならストレスが減る

ポーチは中のものが見えると便利です。さらに、わかりやすい手触りであることも重要です。暗い場所（映画館、夜の車中など）や急いでいるときに、手探りで中身を取り出せるので便利です。

ただし、柔らかすぎる素材には注意しましょう。ふにゃふにゃの財布からコインを取り出す、あるいはつぶれたコスメポーチからリップを取り出すほど気分がブルーになることはありません。

理想のポーチは少し硬めのメッシュ素材です。ハリがあり型崩れしにくく、一目で中身がわかります。

財布や手帳のように頻繁に手にするアイテムは、オーストリッチかイールスキン（ウナギの革）など特徴ある質感の革を選べばすぐに識別できます。オーストリッチの手帳を持っている友人は「指先にも目があるの」と言いながら、いつもさっと手帳を取り出しています。

ポーチの色を統一しない便利さと楽しみ

バッグの中のユニットをすべて同じ色にすると確かに統一感はありますが、中身が何かわかりにくくなります。もちろんルックスははずせませんが、全部違う色にしても色合いをマッチさせれば決してうるさくはなりません。

カナリア色の財布、青りんご色のコスメポーチ、サクランボ色のキーケース、まるでシャガールの作品のようでしょう？　モネやルノワールなど印象派の画家たちの多彩な色使いを参考にポーチの色をコーディネートすれば、バッグを開けたときに華やかで優しげな絵画を眺めているような気分になります。

トートバッグを見渡せる透明ケース

バッグの中身の仕分けが上手な人たちは、マチなしで薄手のA4サイズビニールケースをバッグの間仕切りとして使うことを、みなさん推奨しています。

バッグ内の整理の最大のポイントは、ものを立てて収めることだからです。このケースは100円ショップでも売られており、少し硬めで大切な書類や郵便物、領収書などを折らずにキレイなまま持ち歩くことができます。

しかも、大きなトートバッグの中でちょうどよい仕切りになり、片側にお弁当箱とミニ魔法瓶、コスメポーチ、反対側には折りたたみ傘、カーディガン、帽子などを分けて入れることができます。

ファスナー部分は赤のものがわかりやすくおすすめです。中身の出し入れがしやすいようにファスナーは開けたままにしておきます。

また同じように便利なグッズを見つけたのが知人の玲子さん。彼女が愛用しているトートバッグにはポケットがないので、バッグのサイズにあう四角いプラスティック製の超軽量ケースを入れてみました。そこにすべてを立てて収めることで中身が見渡せるようになり、ポケットの問題を見事に解決したのです。

エコバッグのポーチもお忘れなく

ふくらみすぎてパンパンになったバッグは、エレガントさに欠け、見苦しいものです。買い物をして荷物が増えたときのサブバッグとして、また特別な荷物（郵便局で発送する小包、友人へのお土産など）を運ぶためのバッグとして、あるいはバッグの衝動買い予防も含めエコバッグは重宝します。

たためば小さいサイズなのに、数秒で大きな袋状のバッグになり、さまざまなかたちのものも簡単に持ち運ぶことができます。ミディアムサイズ以下のバッグを持つ方には必須とも言えるアイテムでしょう。

私は1～2泊の宿泊ならば、エコバッグに大きめのナイロンポーチを入れ、その中に少しの着替えとパソコンを入れて出かけています。

小腹を上品に満たすおやつポーチ

キャンディ、プロテインバー、ドライフルーツ……小さなおやつがポーチに入っていれば次の食事までのあいだ、空腹感をコントロールできます。間食の誘惑に負けてカフェに駆け込み、生クリームたっぷりのケーキを食べずにすみます。

バッグの中に少しの小腹グッズがあれば我慢しなくてもよくなります。1粒のキャンディで舌も小腹も上品に満たしてあげましょう。

バッグを新調したら中身の定位置を覚える

妹のシャンタルは、子育てをしながら、仕事もずっと続けてきました。そんなシャンタルにはバッグと気持ちよくつきあうルールがあります。

「新しいバッグを持ち始めるときには、少しずつ自分を訓練するの。まずは正面と裏面を決め、中の整理をくり返して自分の手にポケットや中身の定位置を覚え込ませる。もし、鍵や携帯電話を間違えた場所に入れてしまったら〝エラー〟と自分に警告するのよ（笑）」

新しいバッグや財布を使い始めたときには、ワクワクする反面、小さなストレスを感じます。

自分の手に馴染んでおらず、使い勝手もよくわかりません。自分の手は、まだ新しいバッグをよく知らないので他人行儀です。ファスナーの動きはぎこちなく、ポケットの入り口も固く締まっています。中身の整理の仕方も決まっていません。別の家に引っ越したときのように、自分の手が思うように動かずに疲れます。

だから、新しいものを使い始めるときには、それぞれのものの定位置をじっくり検討して、間違えたら「エラー」と自分に言い聞かせるのです。

7 どこまでも中身を軽く

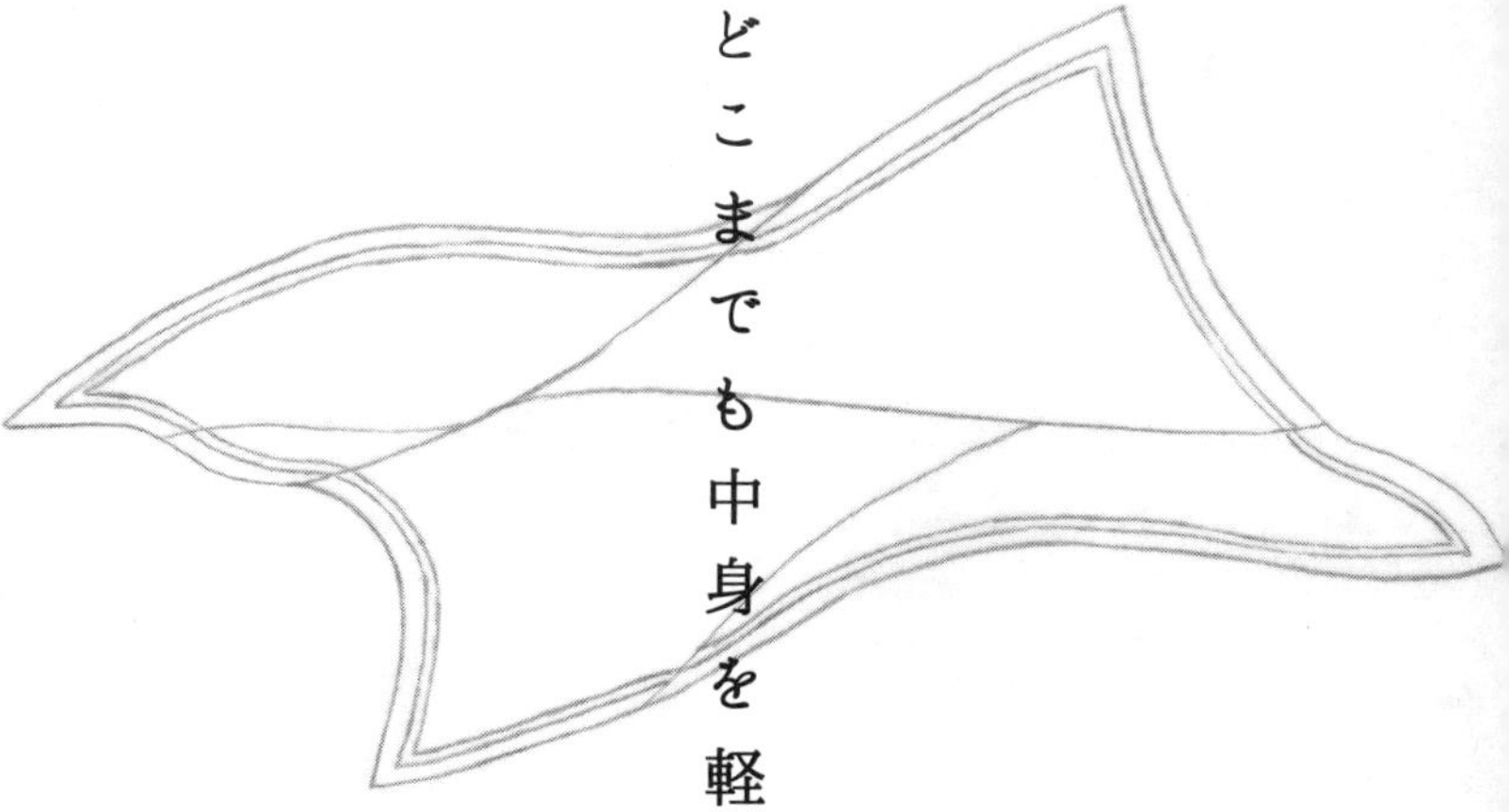

バッグは荷物を運ぶだけでなく、自由で平和な時間をすごすためのよきアシスタントです。そのために第6章で、散らばりがちなバッグの中身の整理方法を楽しみながらできるようご提案しました。

その目的は最終的に軽量化につなげること。

軽くすることで、さらにあなたに必要なものがわかってくるでしょう。この章でお伝えする方法を実行すれば、さっそく効果も表れます。

それは、バッグが軽くなることだけでなく、一日の疲労感が驚くほど軽減したり、自分への自信が増すことだったりします。

すべてを持ち歩くことはできない

軽さの夢に反して、バッグは重くなり続けます。

——ジャン゠クロード・コフマン、
フランスの社会学者、『Le sac』

私たちのバッグに対する欲求は、矛盾に満ちています。軽くしたいと望んでいるのに、大切なものをすべて持ち歩きたいと考えています。おそらく、私たちのDNAに戦争の時代、移民の時代の苦しみが擦り込まれていて、有事の際に備えて必要なものをできるだけ持たなければならないと本能的に判断するのでしょうか。

大きな化粧ポーチ、ファスナーが閉まらないほど膨らんだ財布……これらを積み込んだ重いバッグは、一日の喜びを疲労感で打ち消してしまいます。

どこに何が入っているかわからないほどの荷物が、ずっしりと全身に負担をかけます。また、容量にも限度があり、必要なものすべてを持ち歩くことは無理なのです。バッグはものを溜める場所ではありません。

まずは中身の点検を行い、不用品を処分して、小さなテクニックで必需品はすべて小型化、軽量化を実行すれば、それだけでも効果的です。

バッグのダイエットリスト

財布にポーチにキーケース、私たちが持っているものは必要以上に大きすぎることに気づきましょう。中身も含めて大きくて重いバッグにうんざりして、次こそはと小さなバッグにチャレンジしてみるものの、中の荷物が軽量化していなければ、またまた大きなバッグに逆戻り……このくり返しです。

しかも、女性のバッグというのは整理されていようといまいと、基本的に持ち物が多くて重いものです。重い原因となっている中身をリストにしてみました。

☆長財布
☆コスメ類
☆常備薬
☆ソーイングキット
☆ハンカチ
☆ティッシュ
☆ペンケース
☆デジタルアクセサリー（充電器、イヤホン、ケーブル類）
☆食べ物（お弁当、おやつ）
☆飲み物（ペットボトル）
☆読み物（本、雑誌、新聞）
☆折りたたみ傘

☆ 手袋、ストール（季節用品）
☆ 子ども用品（乳幼児の母親の場合）
これらをすべて軽くすることができます。

何でも入る財布という魅力に勝つ方法

私は数枚のお札と小切手とプラスティック製のカードを束ねて太いラバーバンドで巻き、そのバンドにフェルトペンでGUCCIと書きました。

——エレイン・S・ジェイムズ、アメリカの作家、『Living the Simple Life』

財布のことを「お金のホテル」にたとえると、日本の友人から教わりました。それほど重要な地位のアイテム。バッグの中でもっとも大きな存在感を示しています。財布には現金だけでなく、実にいろいろなものが詰め込まれています。クレジットカード、身分証明書、定期券、クーポン券、レシート、買い物リスト、写真、とりあえず突っ込んだ紙片などなど……。

確かにバッグの中でスペースはとりますが、大きなソファーが心地よいように、大きな財布は何でも放り込めるので快適かもしれません。

しかし、ある人は財布の中に重要なものを集中して入れておくと万一紛失や盗難に遭ったら不安なので、分散して保管しています。

また、ほとんどのミニマリストたちは小さな財布とクレジットカード1枚だけに絞りますが、そこは人それぞれのライフスタイルによりいろいろな選択肢があるのでしょう。

ここからは、もっと整理整頓を突き詰めてバッグの中をよりシンプルにする方法を考えていきます。

小銭を溜めずスマートに使う

小銭はバッグを重くする原因のひとつ。したがって、大きめの小銭入れを使っているのならすぐ小さいサイズに換えましょう。

個人的には財布と小銭入れの2個使いはあまり好きではありません。なぜなら余計な動作が増えるから。ひとつの財布にお札と小銭が入っているほうが、残金の把握も簡単ですし、楽です。

レジの前で、お札は長財布から、小銭は小銭入れから、カードはカードケースから出すなんて後ろに並んでいる人たちに迷惑です。速やかにレジを通過するということは、無駄のない動きでお札かカードで支払い、お釣りとレシートを速やかに受け取るということ。

順番が回ってきてから、あたふたすることのないよう、必要なものを全部一ヵ所に集めておきたいもの。

理想的な財布は、半分に折ったお札が入るサイズのL字ファスナー型財布です。それならカード、お札、小銭が小さくまとまり、すべて入ります。ファスナーを開けて、手の中に三角コーンのように口を広げて持てば、小銭も難なく取り出すことができます。

財布を持つことへのこだわりを捨てる

バッグを軽くするには、数百グラムもある財布をカットするのが、もっとも効果的な方法です。究極の引き算ですが、固定観念に縛られることなく、状況に応じて柔軟に対処しましょう。

それでも、絶対に財布に身分証明書や運転免許証をひとつにして持たないと気がすまないというあなたに、ひとつアドバイスがあります。
すべてが入っている財布に万一のことがあった場合、手続きから再発行まで時間とストレスとお金がかかり大変です。万一に備え、大切なカードや身分証明書、重要書類などはUSBメモリーにコピーして自宅に保管しておくことをおすすめします。

では、財布の中から現金以外のすべてのものを出してみましょう。戻す際、クレジットカードは2枚まで、あとは、身分証明書と定期券だけにしてみます。

このようにときどき中身を総ざらいして、常に使うものだけを入れておくよう心がけましょう。

もうひとつ、小さなバッグが好きな女性が、大きな財布を持たなくてもすむ方法があります。お札と数枚のカードだけをファスナーポケットに直接入れます。ファスナーポケットがない場合は専用の小さなケースかポーチを準備すればよいのです。必要な額の現金と1～2枚のカード、それで十分です。

すべてミニ化した私の旅コスメ

バッグの中でいちばん面積を占めるのはコスメポーチだと言われます。化粧品、エチケット用品（デオドラント、携帯歯磨きなど）、常備薬など身だしなみグッズはバッグの中のナンバーワンアイテムですね。

でも、すべてを持ち歩くことはできませんので、使う回数の多いお粉、口紅、グロスだけにするとか、持ち物を増やさないために小さなポーチを選ぶとか、ルールを作りましょう。あとのアイテムは思いきって家に残して。どうしてもフルにお化粧直しをしたいなら、ミニサイズかサンプルを利用しましょう。

次のリストは、私の旅コスメのアイテムです。みなさんの持ち歩きコスメの参考になると嬉しいです。

☆万能オイルの小瓶（10ミリリットル）
☆ミニ歯磨きセット
☆ミニ柘植櫛《つげ》（ロングヘアでも大丈夫）
☆半分にカットしたメーク用クレヨン（アイブローとアイラインを兼用）
☆練りチーク（口紅兼用）
☆ペーパーパウダー
☆ミニコンシーラー（ファンデーションの代わり）
☆ミニワセリン（唇や爪の乾燥に、ヘアワックスとしても）
☆ロールオンタイプのパフュームオイル
☆香るウェットティッシュ（デオドラント代わり。フラゴナールがおすすめ）

システム手帳をやめると大切な情報がわかる

どうしてもバッグをもっと軽くしたいと試行錯誤を続けていたある日のこと、まだシステム手帳を持ち歩いていて、もしこれをなくしたとして、いちばん困ることは何だろうかと内容を徹底的にチェックしてみてわかったことがありました。

私にとって大切な情報はほんの少ししかなかったのです。それはアドレス帳と友人の自宅玄関の暗証番号、パソコンのパスワードと銀行の暗証番号だけ。すぐに文具屋に出向き名刺と同じサイズのアドレス帳を見つけて、そこに大切な情報をすべて転記しました。

アポイントの確認や記入だけなら日付入りのミニサイズの手帳で十分。この小さなアドレス帳、そして次に述べる手のひらサイズのメモ帳が私のバッグに収まることになりました。

それでも、やはりシステム手帳が必要ならば、少しでも軽量化を目指し、辞書の紙のような薄いタイプのリフィル用紙を使いましょう。

デジタルアイテムよりミニノートが自由

時と場所を選ばず、思い立ったらいつでも、どこでも、すぐに自由な形式で書き残せるという点ではメモ帳のほうがデジタルアイテムよりも優れています。

私は、歩きながら、電車に乗りながら、いろいろなリストを作ったり、調べたいこと、思い浮かんだことを忘れないうちにメモします。

リストには、やってみたいこと、夢見ていることなどが増えていき、気づくと自分のプライベート作品が出来上がっています。しかも、頭の中で漠然と考えていたことは、文字にしたとたん現実味を帯びます。

そんなときに使う小さなノートとペン。おすすめはコクヨのキャンパスノートの手のひらサイズと、ゼブラのノック式のペン。軽くて丈夫なこの最強コンビ、今のところ、これを超えるものに出合っていません。

仕事の筆記具はこれだけあればよし

仕事も兼ねて出かけるときの筆記具は、多機能ペン（3色ボールペン＋消しゴム付きシャープペンシル）、蛍光ペン、マジック、修正ペン、はさみ、のり、USBメモリー、そして付箋。

付箋はいろいろ使えるコンパクトで便利なアイテムです。私の友人のカメラマンは付箋にアポイントの相手、時間、場所、連絡先を記入します。それを机の上に置いているる大きなシステム手帳の該当日に貼ります。

その日の朝、付箋をはがして財布の中に入れて出かけます。帰宅後はその付箋を元に戻しておきます。付箋は長期保管の必要のない情報（本日の買い物リストや、すぐにやるべきことのメモなど）の管理に最適です。

デジタルアイテムのポーチで忘れ物を防ぐ

一日中外出するとなると、どうしてもデジタルアイテム（充電器、ポータブルプレーヤー、ＵＳＢケーブルなど）を持ち歩くことになります。今のテクノロジーはコンパクトになりましたが、付属するガジェット類も増え、そのための専用ポーチが欠かせなくなりました。

ひとつにまとめておけば、旅先で家電店に駆け込むこともなく安心です。

本は一冊丸ごとで持ち歩かない

今は電子書籍の時代です。しかし、私にとっては紙の本を読むほうが喜びや感動が数倍大きい気がします。

しかも私はデジタルで書物を読むと、目が疲れて頭痛が起こりやすいので、長時間の読書はできません。紙の本ならば、好きな場所にアンダーラインできます。余白にメモを残せます。紙のさわり心地、匂い、ページを繰る音などは、デジタルでは再現することはできません。

実は私は、一冊の本から切り取ったひと区切り分だけを持ち歩き読むことにしています。まるまる一冊の本を持つのは重すぎるからです。

そして本はとっておかず自分の中にエッセンスだけを残します。知識は読み終わった本の中ではなく、頭の中に残しておくものです。

うきうきするほどミニマムなバッグの必需品

私のバッグの中の必需品は次のようなものです。同じようなものや古くなったものは処分して、サイズダウンできるものはすべてミニタイプにするだけで軽量化がかない、結果が出せます。

☆ミニペットボトル（容量200ミリリットル以下）
☆ミニお口グッズポーチ（爪楊枝2本、ガム2個、ミニ歯磨きセット、口紅）
☆ナイロン袋（レジ袋のような手付きならエコバッグの代用品にも）
☆香るウェットティッシュ（個包装）
☆シンプルなコットンハンカチ（タオルハンカチは真夏だけ）
☆ミニ救急袋（ミニ爪切り、爪やすり、耳かき、絆創膏1枚、アスピリン2錠、

耳栓、針2本と糸少々、ミニはさみ）
☆薄手のシルクスカーフ（首や頭に巻く）
☆2in1のメガネポーチ（度付き調光レンズ、遠近用とサングラス）

超ミニマリストのオールインワンポーチ

「あれもこれもあったほうが便利」と考え、知らないうちにバッグの中が雑然となることはありがちですが、「ひょっとしたら」と念のために準備していたものを、今まで何度使いましたか？

もし、家を出るまでにあと数十秒しか残されていなかったとしたら、あなたは何を手に取りますか？　それこそが、あなたにとって本当に必要なものです。それを揃えれば、あとは何も考えずにすみます。

何も考えなくてもよいということは、頭の中の荷物をひとつ下ろしたのと同じです。同時に今まで必要と思い込んでいたものが、そうでもなかったと気づかされます。

超ミニマリストは、ひとつのポーチに選び抜いたものを入れています。それがオールインワンポーチ。その中身は……。

☆ 身分証明書（運転免許証、ＩＤカードなど）
☆ クレジットカードと数枚のお札
☆ 携帯電話と鍵
☆ 口紅
☆ ハンカチ
☆ メモ用紙1枚とボールペン
☆ ビニール袋（エコバッグの代用）
☆ メガネ

財布や鍵などないと外出できないものと、口紅やメガネなど使用頻度の高いものを選択してオールインワンポーチに収めます。ただし、それだけで満足していては意味がないので、定期的に中身を更新する作業は続けましょう。

オールインワンポーチを完成させると、別のバッグに入れ替えるというひとつの動作だけで面倒だったバッグの移動作業が完了です。

また、美術館やコンサート会場でクロークにバッグを預けたり、カフェや飛行機で席を離れたりする場合にも、そのポーチだけを片手に、安心して軽々と移動することができます。

8 ものをいつくしむ心から余裕が生まれる

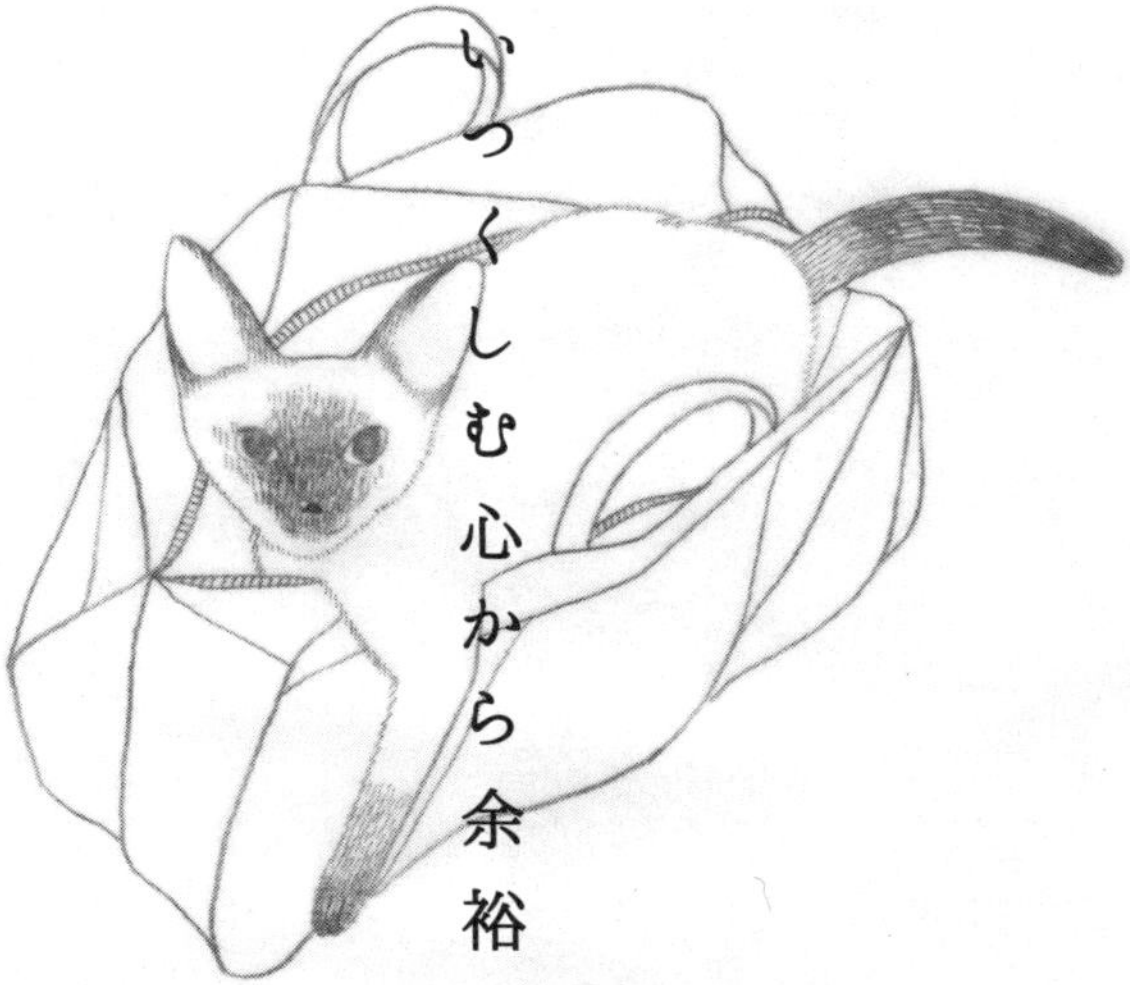

持ち主の個性を表すバッグの外見と中身、それらがうまく調和し、いつも手元に置きたくなるようなマイバッグに出合うということは、人生をより充実させ、幸せに近づけるということです。

なぜなら、バッグという小宇宙で自分のシンプルな生き方を日々実現していくと、より思考がクリアになっていくのを実感できるからです。そこから心軽く生きる方法が日々自然と身につくのです。

帰宅後バッグを空っぽにする習慣

自分のバッグを整理することは小さな努力ですが
大きな結果をもたらします。それは風水のもっとも単純な規律です。
自分のバッグまたは財布をきれいにすることにより
エネルギーが湧いてきて、心のバランスが整います。

――バーバラ・ルーティーマン、
ドイツのライフスタイルアドバイザー

毎晩、自分のバッグを空っぽにすることは一見面倒です。でも寝る前の歯磨きと同じように習慣づけてしまえば、やらないと落ち着かなくなってきます。

バッグの中には毎日いろいろなものが溜まります。レシート、パンフレット、化粧品のサンプルなどなど、必ず夜は朝よりバッグがふくらんでいるものです。

家計簿をつけている場合は出したレシートをすぐに転記すれば、家計も人生もコントロールできます。期限切れのクーポン券をいつまでも入れっぱなしにしてしまうこともなくなります。

毎晩のチェックで、不要なものを取り出し、翌日必要なものを補充します。また、最近使っていないアイテムなどもわかり、思いきって処分できます。慣れてしまえば、ものの5分で終了です。

毎朝リフレッシュされたバッグを手にすることは、なんて爽快なのでしょう。

バッグ専用引き出しが生活をより楽にする

まずは、家の中で自分がよくいて、リビングなどいちばん動線のよい場所のチェストに、バッグを空っぽにするための引き出しを作りましょう。引き出しが難しい場合は、シューズボックス2個分くらいの大きめの箱でもいいでしょう。

毎晩、その中にバッグの中身を全部出して、必要なものだけをバッグに戻します。その際、傘は？　本は？　ほかには？　と、翌日の予定や天候にあわせて毎日小さなアレンジを加え、修理に出す予定のアクセサリーや予備の電池なども忘れずに入れておきます。

この引き出しには、いろいろなスペア（ティッシュ、キャンディ、名刺、付箋など）も準備しておきましょう。帰宅後ははずすもの（時計、アクセサリー、手袋など）もここに入れておけば出かけるときに慌てずにすみます。時間がなくて家計簿に転記できなかったレシート類も一時保管しておきましょう。

可能ならバッグのための小さなチェストを用意できれば理想的です。交替で使うようなバッグや財布、ポシェット、ポーチなどがその中に収納できます。

帰宅後のバッグの整頓が終わったら、その上にバッグを置きます。横には、明日投函する郵便物や友人へのお土産、買い物リストなどを並べます。その家具は目につきやすい部屋の出入り口付近に置きましょう。

バッグやポーチの収納方法にもひと工夫

バッグは購入時の箱か綿素材の袋に入れて保存しておきたいものです。万一修理が必要になったときや、リサイクルショップで買い取ってもらうときに備えて、保証書のほかに領収書も一緒に保管しておくとよいかもしれません。

決して、革のバッグをビニール袋に入れて保管してはいけません。革が呼吸できなくなり、乾燥してひびが入る原因になります。紙か布の袋が適します。アレルギーを起こさない無害な防虫対策として、バッグの中に小袋に入れた胡椒の実、数粒をしのばせておきましょう。

また、大きなバッグの中に小さなバッグを順々に収納することで、型崩れを防ぎ、収納の省スペース化を図れます。ついでにハンドルを立てて保管しておくと、バッグの見分けがつきやすくなり、取り出す際に便利です。

すべてのポーチは同じ場所に収納すること。旅行に行く前に必要なポーチがすぐに見つかります。たとえば、電子機器類をまとめておくガジェットポーチとランジェリーポーチは今や旅の必携品。隣に並べて置いておきましょう。

バッグの整理が幸運を招き入れる

バッグは女性たちにとってもっとも神聖なアイテム。私たちの貴重品や細々した必需品を守ってくれています。同時に、バッグは私たちの大切な心と体の健康にも深く関与しています。

ここでは、バッグのエネルギーを高めるための方法をいくつかご紹介します。

1 減らす

バッグの中のいらないものはすべて出しましょう。あなたの人生も軽くなり、思考がよりクリアになります。空いたスペースには新しい〝財〟が舞い込みます。ですから、口紅は2本もいりますか？　大きなヘアブラシは必要ですか？　ウェットティッシュはそんなにたくさん使いますか？　最小限にとどめればバッグは軽くなり、あなたも身軽になれます。

2　**選ぶ**

あなたが心から愛せるバッグを持ちましょう。そのバッグを持つたびにあなたは小さな幸せとエネルギーをもらいます。

ものだけでなく、たとえば携帯電話から必要のないメッセージをすべて消去し、もはや関係のない人たちの連絡先もすべて削除します。人生のコミュニケーションの流れがスムーズになります。

3　**整える**

バッグに手を入れたらすぐに欲しいものが取り出せるくらい、完璧に整頓しておきましょう。古い買い物リストや領収書、使用済みのティッシュなどを入れっぱなしにしておくとエネルギーが停滞します。バッグの中を整えておけば、あなたの〝気〟はスムーズに流れ始め、人生もよい方向に向かいます。

手元に残すバッグを見定める条件

さて、手持ちのバッグの中から、あなたにあうバッグをどのように見分ければよいのでしょう？　そのバッグを触ったときに、あなたの体はどのように感じましたか？これからは、あなたの胸に響いた（また使いたくなる）バッグだけを使うのです。処分するかどうかという悩みはストレスの元。だから所有しているバッグすべてについて冷静に品定めしましょう。

「自分に似ている」「元気をくれる」「スタイルよく見せてくれる」バッグたちはどれ

かわかりますね。

ひどくくたびれた革のバッグ、個性のない安物のバッグ、ひと昔前に流行したバッグ、中古のバッグ、ブランドのコピー品などなど、すべて忘れましょう。

キープするのは一生親友でいられる上質なバッグ、有名もしくは有能なクリエイターのバッグ（コム デ ギャルソンのバッグ、シャネルのポシェットなど）だけ。

それらは、ときどき使うだけでも、常に新しい喜びを与えてくれます。時代遅れにならず、ベーシックな洋服でも流行りの洋服でも違和感なくあわせることができます。

バッグが子どものおもちゃや猫の寝床に

もし、小さな子どもがいるのなら、使わないバッグを遊び道具として与えてみましょう。

中に喜びそうなものをたくさん入れて。光や音の出るキーホルダー、ゴム手袋、スポンジ、プラスティック製のスプーンやタッパーなど、誤って飲み込んでしまう危険性がないものを。

バッグから出したり、入れたり、手探りしたり、お母さんの真似をしたり、思いきり楽しませてあげましょう。

猫も喜ぶかもしれません。東京のマンションでお留守番の多い生活をする小次郎という名のシャム猫は、これまで飼い主がどれほどふかふかなクッションを買い与えても、気づけばバッグを占領してすやすや。もしかして、大切なものを守ってくれているのかしら？

小次郎にとって、いちばん心地いい寝床は飼い主のバッグのようです。だから、あなたの猫にも古いバッグをプレゼントしてみてください。

美しい形見のバッグから作った孫たちの財布

行きつけの革製品の修理屋の職人から、こんな話を聞きました。

あるお客様が、母親からの形見分けに美しいバッグを受け継いだそうです。しかし、なかなか出番がありません。だからといって簡単に処分できる品物でもなく、しばらくクローゼットで眠っていました。

あるとき、その職人に「バッグをリフォームして、娘たちにプレゼントする小さな財布を3つ作ってほしい」と依頼がきました。

孫たちにとっては、祖母から贈られた世界にたったひとつしかない特別なお財布です。母から娘へ、そして孫たちへと、家族みんなの心をつなぐ温かい絆に感激しました。と同時に、その財布を使う3人の孫たちに素敵な思い出が増えることを心から祈りました。

使わないバッグを友人にあげない

私はそのバッグを通り沿いのゴミ箱に捨てようとしていた。
もうどれほどお金がかかったかも思い出したくなかった。

——マリー・デプレシャン、
フランスの作家、『Le sac à main』

いくら高級ブランドのものだからといって、使わないバッグを友人にあげたところで感謝されることはないでしょう。もちろん、相手によっては一時的に喜んでくれるかもしれません。また、あなたの心の隅にある捨てることへの罪悪感も、少しは解消されたりもします。

しかし、彼女がそのバッグを持ち歩いている姿を見るたびに、自分の失敗を思い出します。あなたの友人には、自由にバッグを選ぶ権利とチャンスがあることを忘れないようにしましょう。

いちばん簡単に処分する方法は、旅に連れていき、ホテルの部屋に置き去りにすること（チェックアウトの際、ちゃんとフロントに捨ててくださいと伝えて）。あなたは二度とその姿を目にしなくてすみます。

クローゼットの奥に長く眠る数回程度しか使ったことのないバッグ。キレイでまだ使えそうでも、それはすでに役割を終えたもの。旬をすぎたバッグは、何ももたらしてはくれません。

生きているバッグとは、今使っているバッグ。経年により素材が劣化したものや、あなたの心に響かないものは、早く気持ちを切り替えて処分しましょう。そんなことで人生と収納を複雑にしてももったいないだけ。

かぎりある人生の時間に、一瞬でも素晴らしいバッグを楽しむほうが、ずっと幸せです。

9

旅の心の自由さで普段も暮らす

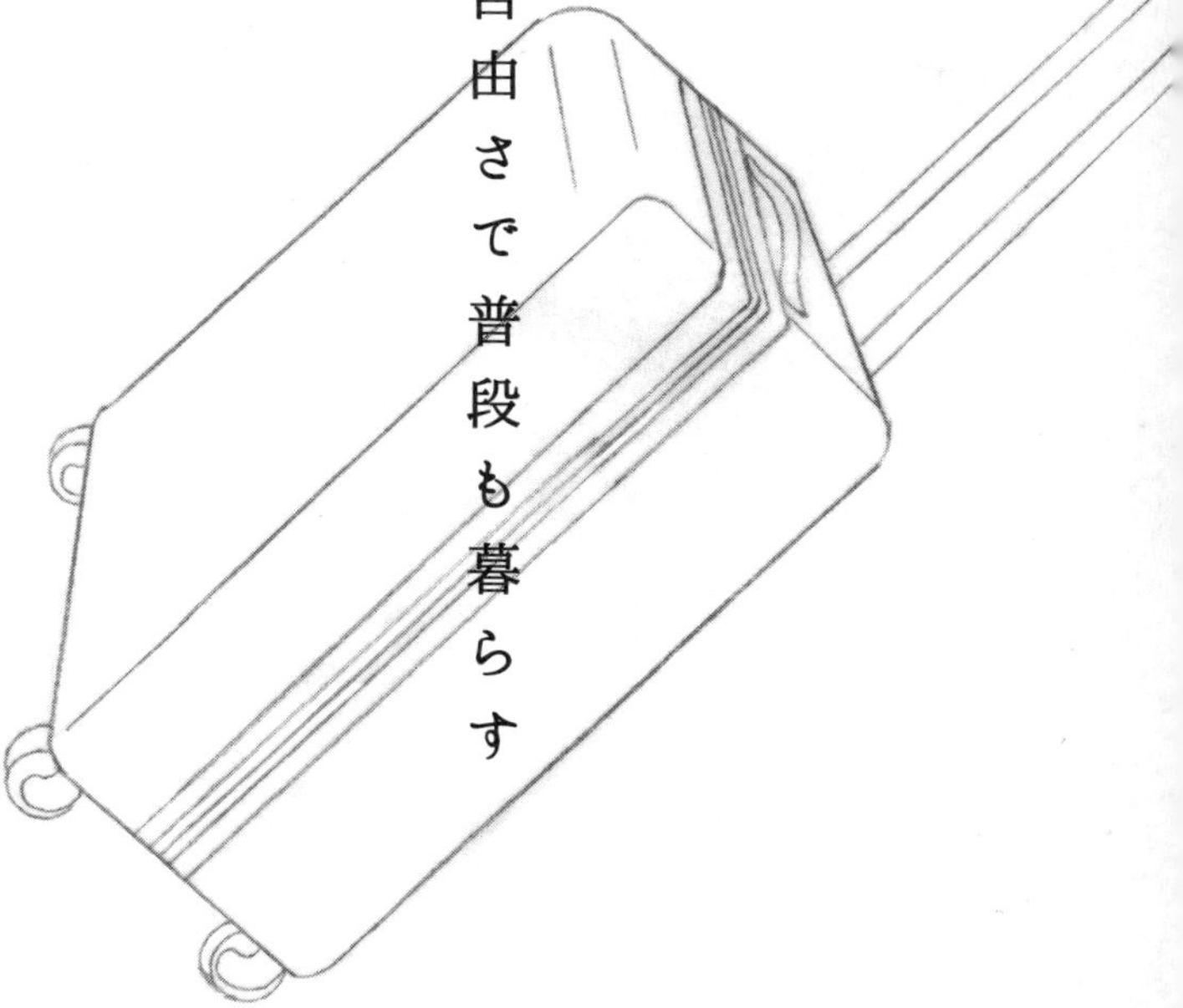

チベットのことわざに「旅とは原点に返ることです」というのがありました。ミニマリズムを学ぶために、旅は最高の環境です。自分の人生を考え直し、理想的な人生を送るために。また、溜め込んだ自分の荷物をチェックする絶好の機会です。旅のさなか、人生の本当の楽しみについて考える時間はたっぷりあります。

たったひとつの旅行バッグで何十回も旅をしているうちに、必要なものはほんの少しだけであることが意識できるようになります。数本のジーンズ、数枚のTシャツ、セーター、カーディガン、フォーマルウェア、大判のストール、コート……。

旅行のときにはそれで十分なのに、どうして自宅のクローゼットはものであふれているのでしょうか？

長旅でいちばん若々しかった80歳のイベット

義弟のギィから、2週間のロシアツアーに行ったときの話を聞きました。そこで出会ったイベットという80歳の女性ツーリストのことです。

ほかのメンバーたちは、大きなスーツケースやバッグをたくさん抱えていましたが、イベットの荷物は、小さなリュックサックだけ。その中には最低限の身の回りの品と、洋服と肌着の1日分の着替えを入れていました。それらは速乾性素材で、彼女は毎晩ホテルで洗濯していたそうです。

イベットは、どれほどエネルギーに満ち、生き生きと動き回っていたことか。訪れる先々で瞳を輝かせて景色や建築物を楽しみ、早起きして朝の新鮮な空気を吸いに散歩に出かけ、ときには夜景を見にいっていました。

彼女は、誰より多くを経験し、吸収し、思い出を作りました。

ツアーメンバーの平均年齢は40歳で、イベットよりもずっと年下でした。でも、彼女がもっとも若々しかったと言います。みんなが認める彼女の見事なパワーと若さの秘訣は何だったのでしょう。


彼女はよく知っていたのです。荷物は少なく、着替えも1組だけあれば十分なことを。つまり、彼女は旅行中、たくさんの荷物整理をする手間もなく、何を着るかで毎日悩む必要もないということ。その分、旅行を楽しむことに集中しました。なんと賢明な女性なのでしょう。

小さなリュックサックは、とても自由で活発、何ごとにも積極的で好奇心旺盛な彼女の生き方そのものだったのです。

ホテルのようなルーティン化がヒント

なぜホテルでの滞在は、あれほどゆったりと深くくつろぐことができるのでしょう?

散らかっていても、ゴミがいっぱいでも、翌日になると正確に元どおりに戻されています。リネン類は交換され、バスタブには水滴ひとつなく、磨かれたグラスが整然と並び、ポットにはお湯が満たされています。引き出しにはレターパッドとボールペン、衣類はきれいにたたまれ目立たない場所に置かれています。なんと見事なルーティンワークでしょう。

ホテルに滞在している期間は、カーテンを新調しなければとか、壁紙もそろそろ張り替えたほうがいいとか案ずることもなく、シャンプーやお茶の銘柄をチョイスする面倒さもない。枕の柔らかさ、シーツの色、アメニティまで誰かが考えて準備してくれたもの。

特別なホテルは別ですが、さほど高価なものも置かれておらず、うっかりティーカップを壊しても、スーツケースが壁に当たり少し汚れても、余程ひどいことにならないかぎりは大目に見てもらえます。こちらも、ホテルの部屋のテーブルについた傷を見ても、カーテンの色が少し褪せていてもあまり気になりません。

おかげで私たちの精神は完璧に休まります。日常につながることは一切なく、何も心配しなくても大丈夫なのです。

必要なものがあり、家事など肉体的な仕事もない。あるとしたらふたつだけ。自分の人生を考えること、そして明日のためにバッグを整えること。

私たちの家庭にもホテルと同じようなスタイルを採用できないものでしょうか？家庭の中のあらゆることをルーティン化してしまうのです。何も考えず、決まったものと順序で流れ作業的に家事をこなすと、さほど億劫さを感じずにすみます。

単純なルーティンシステムさえ確立すれば、ホテルと同じように自由でリラックスした生活が送れます。ただし、それを実行するには、最低限の洋服と愛用品しか持たないことが条件ですが。

旅行バッグを私たちの住まいと考えてみる

自分の道を進むこと。あなたが歩くところに道はできるのだから。

——聖アウグスチヌス

近年、各航空会社で飛行機の燃料費とCO_2排出量を減らすために、機内用食器の重さを30パーセントカットしたと知りました。同じように私たちも、人生のエネルギーを無駄遣いしないために、軽いものにシフトするよう努力しなければなりません。あなたは旅行から帰ってきたら、二度と今までと同じ余計なものがあふれる部屋での複雑な生活に戻りたくないと思うはず。ならば自分自身に、これも、あれも、それも必要なのかと、問うてみましょう。旅をしているときと同じように、ないと困るものだけで楽しくすごせませんか？

私たちのバッグは、旅の最中、私たちの住まい同然でした。

どうすれば、自宅でもそのような暮らしを続けていくことができるのでしょうか？

〝少ないもので暮らす〟と時間が増える

――そうだな、ベッドが一つ、本は１００冊くらい。

テレビはあってもなくてもよし。

風呂はいらない。シャワーがあればいい。

三日間着替える服があって、

バッグが一つ置いてある、そんな感じがベストだな。

――山本耀司（ファッションデザイナー）・
満田　愛（執筆・企画・編集者）共著、『MY DEAR BOMB』岩波書店

旅行では、自宅にある多くのものたちと離れるために、日々の必需品を正確に知ることができます。その状況に慣れてしまえば、なくてはならないと思っていたものが、なくても大丈夫なことを知ります。

旅をしながら、〝少ないもので暮らすこと〟を体験します。

旅先では、テレビの前でだらだらすごすこともないし、買い物や娯楽に費やせる時間もかぎられるため、自然とシンプルで行動的なライフスタイルになります。自分のために、新しい出会いのために、たっぷりと時間をかけることができます。

旅先での刺激的な経験は、〝ものの束縛〟を忘れさせてくれます。そもそも移動がメインの旅行では、多くのものを持ち歩くこともできません。そこではじめて、少ないものでも不自由を感じずにすごせることが身をもって理解できるのです。

昔の旅人と世界中で起業する若者の共通点

1889年、私の祖父は17歳のとき、アメリカへ行くために
家族と友人をスウェーデンに残して船で出発しました。
彼はすべての財産を小さな木の箱に収めました。
現在も私のオフィスには、この箱が残っています。
その木箱は変形し、黒ずみ、大きなダメージを受けています。
私自身、あまり旅行はしないのですが、
自分の家の屋根裏にスーツケースがふたつ、旅行バッグが3つ、
キャンプ用のテントが1〜2張あります。
……そのすべてはこの小さな木箱にはとても収まりません。

――フィリップ・アーデン、

アメリカの著述家、『Traveling light』

世界中の若者の中には、仕事の都合でいろいろな都市を移動しなければならない人がいます。いつかどこかで定住するのでしょうけれど、今の彼らは〝ノマド（遊牧民）ミニマリスト〟です。

生活するのに必要最低限の家具や愛用品を持つだけですが、いろいろ工夫をして、友人とホームパーティーを開いたり、趣味の楽器をたしなんだりと、通常と変わらない生活を送っています。

彼らが恵まれている点は、少ないもので効率よく暮らすテクニックを、若いうちから身につけられること。いざとなれば、スーツケースひとつでも十分なことをよく理解しています。

ニューヨークでは中古のワンルームマンションが、身軽に暮らしたいと考える若い実業家たちに売れているようです。

このような生活は極端な例で参考にならない人もいるかもしれませんが、厳選した持ちもので合理的に暮らしたい人、心にも体にも余裕がほしい人にとっては、お手本にしたい憧れのライフスタイルなのです。

旅行用キットを自宅で応用する

旅行するときは、私たちのお供はバッグだけです。だから、その荷物を大切に扱いますし、いつも整理して、何がどこに入っているか正確にわかっているはず。すべてのものはキットごとに分けられ、定位置に収まっています。それぞれのキットには決められたものだけしか入れていません。

この方法を取り入れて、自宅に散らばっているものたちをキットにしておけば、目的のものをあちこちから探すこともなくなります、すぐに次の行動に移れるので、一石二鳥です。

迷うことなく身軽に動けて、一日がスムーズに流れるようになります。何ごとも場当たり的にやっているだけでは、用事に追われるばかり。ちょっとした段取りで、その後がうまく回り始めるのです。

時間を無駄にせず、やらなければいけないことをこなすために、オリジナルのキットを作ることは、便利で合理的な生活をするためのひとつのテクニックです。

ただし、本当に自分仕様のキットを作るためには、ある程度の試行錯誤と努力が必要です。

たとえば、どこの家庭にもある裁縫箱。それは裁縫に使う用具一式をまとめた箱ですので、中身は大差ないと思うかもしれません。でも、日常的に刺繍や洋裁を楽しむ人の裁縫箱は、糸と針にもこだわり、たくさんの種類を揃えているものです。反対に、ボタン付け程度の人なら、小さなケースに予備のボタン、数色の糸と数本の針、糸切りばさみ程度で足りるでしょう。

自分のライフスタイルを反映したものであるよう中身のチェックをくり返し、最終的にキットを完成させるには手間がかかるのです。だからこそ、完成したキットには価値があります。

原状回復が「片付け」無駄を省くのが「キット」

片付けとキットは似て非なるもの。片付けとは散らかっているものを、押し入れか、引き出しか、棚に戻すこと。

キットにするというのは、グループ分けしたものをひとつの箱かケースに仕舞うこと。これによって無駄が省け、日常の生活がスムーズになります。キット化は、時間とスペースの最高の節約術です。

救急箱や工具箱は昔からある代表的なキットですね。ならばプールに行くとき、スイミング用キットを作っておけば、タンスから水着、洗面所のクローゼットからタオル、引き出しから会員カードを出すといった無駄が省けます。

次のように、家の中のものはすべてキットにできます。

☆ リネンキット

枕カバーにシーツ類を入れてまとめる。私はパリの部屋でシックな色のクッションカバーにお客様用のシーツ一式を収納している。

☆ 毎日の何でもキット

常に手元に置くポーチ。常備薬、絆創膏1枚、マニキュア、USBメモリーなど。このキットはポーチに入る限度があるので、余計な小物が溜まるのを防ぐ役目も果たす。

☆ 文具キット

便箋、封筒、切手、ボールペン、付箋、メモ帳など。

☆ ライフラインキット

緊急入院や災害時の必需品ポーチ。現金、通帳、印鑑、パスポート、キャッシュカード、宝石、鍵のスペアなど。

☆ 旅行用キット

薄い小さな目覚まし時計、洋服や下着、小物類を収納する食品保存用の袋各サイズを数枚ずつ、パジャマ代わりのTシャツとレギンス、ランドリーネットなど。

キット化で遊牧民のように家具も減らす

キットを使い生活すれば、すぐに行動を開始でき、外出や掃除などがさほど面倒でなくなります。おまけに、キットを入れ替えるとき、旅行気分も味わえます。

いろいろなキットを置いておくスペースさえ確保できれば、無駄に動き回ることもなく、ものを収納するための家具も減ります。キット生活を始めると、ポーチや箱に入るだけのもので暮らしていけることがわかるでしょう。すると、ものが増えすぎることもなくなります。

どこに何が入っているかすぐにわかりますし、忘れ物も防げるのです。同時に、緊急時（事故や災害時）の避難準備も完了しています。

すべてのキットは、ひとつの大きなバッグにまとめて収納しておくこともできるでしょう。そうすると、まるで遊牧民や旅人のように、身軽に、のびのびと生活できます。あとは最低限のキッチン用品、食器、家電、洋服と重要書類さえあれば、心も軽く暮らしていけるのです。

キット作りへの情熱はミニマリストの第一歩

キット作りを続けるうちに、あなたも自然にミニマリストになっていくでしょう。たとえば洗面道具（歯磨き、スキンケア、メーキャップ）をキットにまとめる段階で、準備したポーチやケースに入りきらない余計なものは少しずつ減らしていくことができます。それこそがミニマリストへの第一歩です。難しい理屈などないのです。

バスルームにはホテルのように、お気に入りのボディソープ、シャンプー、コンディショナー、タオルだけを置くようにしましょう。

かぎられた時間でも、自分仕様の洗面道具キットがあればあたふたすることなく、ものの5分で外出の準備が整います。

メーク用品も本気でスリム化を目指すなら、メークをしながら省略できるポイントを意識すれば、最終的に少ないアイテムでもキレイに仕上げられるようになります。

旅行に行くときは、目的地の気候や行動予定にあわせてキットをプラスするだけ、あるいは普段使っているキットと差し替えるだけで、大変だった準備がとても簡単になります。少なくとも探し物をする時間が大幅に減ります。オーロラを見に行く？ならば、厳冬用キットを入れるだけです。

心が平常に保たれるキットライフ

趙州和尚は「道とは何ですか？」と尋ねました。師である南泉和尚は「平常心が道だ」と答えました。

——中国宋代の禅僧無門慧開《むもんえかい》によって編まれた公案集、『無門関』

キットの小さなマイナス点は、旅行用の財布と普段使いの財布というように、同じものがダブってしまうこと。しかし、キットはキットとして一揃いにしておき、使用することに意味があるのです。

旅行の準備の際、必要なキットを、何も考えずにバッグに入れられる利点を思うと、目的の違うキットで、いくつかのアイテムが重なっているとしても、さほど問題ではありません。

キット生活が身についてきたら、今度は家の中のあらゆる生活用品のストック（ペーパー類、調味料、洗剤など）を、ひとつの大きな箱か収納棚にまとめましょう。これはいわば日用品在庫キットです。厳密にはキットと呼べないかもしれませんが、種類が多く、生活感あふれる品々を一ヵ所にまとめることで整理もつきますし、管理しやすくなります。

いつも、同じところから出し入れをすることで、中の様子が一目でわかり、不意の在庫切れや買い物のロスを減らすことができます。

すべてのものをまとめるキット生活が自分のものになると、時間に追われる生活から卒業です。いつも準備万端で、余計な心配やムダな動きをしなくてよいので、いつも静かな気持ちで日々をすごせます。急な環境の変化やもしもの出来事（引っ越しや事故・病気など）にも、落ち着いて対応できるのです。

その安心感で心が休まり、新しい力が湧き、いっそう充実した時間を送れることでしょう。

いつも変わらずゆうゆうと暮らす

身の回りをシンプルにしたいと思っていても、そんなに簡単にいかないものです。あわてることはありません。誰でも自分の持ち物には愛着と思い出があり、すべてを一気に片付けるのは至難の業です。増やすより減らすほうがずっと難しいため、ミニマリストになるには時間がかかって当然なのです。

〝捨てる作業〟も〝キット作り〟も、それぞれのペースで一歩一歩、根気強く進めていきましょう。そのものが本当に必要かどうかは数ヵ月後でないと判断できないこともありますし、機が熟すまで時間がかかることもあるのです。

キット化でものとお別れするのがとても楽になるでしょう。まるで頭の中を整理するようにカテゴリー分けしていくと、自然に取捨選択できることも多いのです。

そしてひとつのキットを完成させることができれば、次々に新しいキット作りに挑戦したくなります。そのうちに、家中のものがキット化されているかもしれません。

時代は「より少なく」に向かっています。そう、少なくても豊かに。また、これからは単純にものを減らせばよいというわけではありません。一歩進めて何ごとも自分で考え、ちょっとした演出や工夫をこらしながら、少ないもので豊かに暮らすための知恵と創造力も磨かなければならないでしょう。

すっきりした軽やかな環境の中で、いつも変わらずにゆうゆうと暮らす、これこそが人生最高の贅沢です。

おわりに　～身も心も軽く自然と調和してすごす

はるか昔から、バッグはミニマリズムのトップアイテムでした。自由に旅し、生きるための必携品だったのです。

高名な僧侶や歌人たちも、バッグひとつであちこち巡礼や旅を続けていました。作家のラフカディオ・ハーンは、日本人は4～5分もあれば長旅の準備ができる、それは日本人の優位性のあらわれであると記しています。

砂漠の民や遊牧民の持ちものも、本当に何が必要かを教えてくれます。自由に移動するには多くのものを抱える余裕はなく、重い荷物は邪魔になるだけ。

バッグに必需品だけをコンパクトに収納することができれば、私たちも旅人のように身も心も軽くすごすことができます。

お財布や携帯電話、化粧品、手帳、傘など、何を持ち、どう整理していくのか。まとまりのないものを、いつも点検して自分仕様に調えることは、人生の小さな勝利であり、将来にわたる大きな収穫です。

それは自分自身と自分の持ち物をコントロールするという難しい作業ですが、うまくいけばもっと自然と調和した人間らしい贅沢な時間を送ることができるようになるでしょう。


マハトマ・ガンジーはウルトラミニマリスト。自分の頭の中を整理するために3ヵ月間新聞を読まず、1週間誰ともコミュニケーションをとりませんでした。また、彼が亡くなったあとには、衣服を含めわずか10点のアイテムが残されただけでした。

もちろん、私たちはそこまでストイックに生きられるわけではありませんし、またそのような必要もありません。逆に、いかに力を抜き、余計なものにわずらうことなく人生を旅することができるかを考えるべきでしょう。

それぞれの人により、大切なものは違いますし、時代の流れや年齢、生活環境の変化によって、優先されるものやことも自然に変わっていきます。そのときどきで、もう必要ないと判断したものは、固執することなく処分して、新しい経験や出会いを楽しみましょう。

何もない山頂にこそ息を呑むような絶景が広がっているように、ものが少ないからこそ、また自分の使いやすいようにルール化するからこそ、身も心も自由に活動できる空間や時間が生まれ、精神的なゆとりを持つことができるのです。

隣町を散策して素敵なショップの窓辺に置かれた小さな鉢植えに喜びを感じ、気のおけない友達とおしゃべりに興じ昼間からワインをかたむける、時間をかけての入浴やお昼寝でリラックスする。

そんな心地よい時間をすごして、心にたっぷりの休養と栄養をあたえましょう。

2017年3月　春間近の京都にて

ドミニック・ローホー

ドミニック・ローホー（Dominique Loreau）

著述業。フランスに生まれる。ソルボンヌ大学で修士号を取得し、イギリスのソールズベリーグラマースクール、アメリカのミズーリ州立大学、日本の仏教系大学で教鞭をとる。アメリカと日本でヨガを学び、禅の修行や墨絵の習得などをとおし、日本の精神文化への理解を深める。シンプルな生き方を提唱し、フランスはもとよりヨーロッパやアジア各国でも著書がベストセラーに。著書には、『「限りなく少なく」豊かに生きる』（講談社）、『シンプルに生きる　人生の本物の安らぎを味わう』『ゆたかな人生が始まる
シンプルリスト』（ともに講談社＋α文庫）など、「物心あわせてシンプルになることで、もっと幸せになれる」という主題のもと、筆をとり続けている。

赤松梨恵（あかまつ りえ）

1962年、北海道に生まれる。花園大学文学部卒業。大学時代に禅に出会い、その思想に大きな影響を受ける。医療に従事するかたわら、著者との長年の交流をとおし、本書の翻訳に携わることになった。

マイバッグ　3つのバッグで軽《かる》く美《うつく》しく生《い》きる

2017年4月25日　第1刷発行

著者　ドミニック・ローホー
訳者　赤《あか》松《まつ》梨《り》恵《え》

発行者　鈴木 哲
発行所　株式会社講談社
東京都文京区音羽2-12-21　郵便番号 112-8001
電話　編集 03-5395-3522
販売 03-5395-4415
業務 03-5395-3615
印刷所　慶昌堂印刷株式会社
製本所　株式会社国宝社

ISBN978-4-06-220515-3